I0279420

Sakkottai Krishnaswami Aiyangar

South Indian chronological tables

Sakkottai Krishnaswami Aiyangar

South Indian chronological tables

ISBN/EAN: 9783337304553

Printed in Europe, USA, Canada, Australia, Japan

Cover: Foto ©ninafisch / pixelio.de

More available books at **www.hansebooks.com**

SOUTH INDIAN

CHRONOLOGICAL TABLES

BY THE LATE

W. S. KRISHNASVAMI NAIDU,

ASSISTANT REGISTRAR OF THE HIGH COURT OF MADRAS.

EDITED BY

ROBERT SEWELL,

M.C.S., F.R.G.S., M.R.A.S.

MADRAS:

PRINTED BY THE SUPERINTENDENT, GOVERNMENT PRESS.

1889.

EDITOR'S NOTE.

To prevent misunderstanding it is desirable that some account should be given of the origin and scope of the present work.

At the close of the year 1880, I was commissioned by the Government of Madras to prepare for the then proposed Archæological Survey of Southern India lists of all the known antiquities and inscriptions in the Madras Presidency. In connection with that duty I compiled Vols. I and II of the Archæological Survey Series. Vol. I contained a list of the known remains, and with the publication of that book the task originally assigned to me had been completed. But there was still a great deal to be done, and the Government, appreciating this fact, permitted me to compile Vol. II, the principal contents of which were lists of all known and authentic inscriptions in this Presidency arranged in various ways, with a historical sketch of the dynasties of Southern India. From the commencement of my labours I had formed the design of adding to Vol. II a thoroughly accurate set of chronological tables, which should enable students of history readily to convert into European reckoning the date of any inscription in Southern India. This could only be accomplished by laborious calculations such as I was unable to carry out for want both of leisure and of the special attainments, and in the Preface to Vol. I, published in 1882, I wrote "I earnestly hope that Government will see fit shortly to have these "calculations made and the results published in clear tables ..... One thing, at least, is certain ; it will "be impossible to obtain an accurate history of the country till this is done." The present volume is the result of the encouragement given by Government partly to this scheme, and partly to a scheme for providing better chronological tables for the use of the law courts. The tables were intended to be published at the end of Vol. II, but they were not ready, and five years have now elapsed since the issue of Vol. II. The delay was caused partly by the labour entailed in their preparation, and partly by the illness of the compiler.

I first became acquainted with Mr. Krishnasvami Naidu[1] towards the end of the year 1881. He had greatly interested himself in chronology for some years previous to this, and was engaged in company with Mr. P. T. Ramanjulu Naidu,[2] since deceased, a pensioned officer of the High Court, in preparing a work on chronology and metrology. In 1880 Mr. Ramanjulu Naidu had issued a circular asking for subscriptions to enable him to publish such a book, and, knowing that I was interested in the subject, Mr. Krishnasvami Naidu called upon me to secure my co-operation. In June 1882 Mr. T. Weir, then Registrar of the High Court, addressed a letter to Government urging the advisability, for judicial purposes, of the publication of Mr. Ramanjulu Naidu's work, and to this I added a similar request from the point of view of historical research. Government consented to take a number of copies of the work (G.O., No. 458, dated 27th June 1882), which, however, never made its appearance. Meanwhile Mr. Krishnasvami Naidu was constantly in communication with me and at last consented to prepare in addition to his own

---

[1] Krishnasvami Naidu belonged to a good Madras family and was shrotriumdar of Úttukádu in the district of Chingleput. He entered the service of Government in his seventeenth year, and rising to be Assistant Registrar died in 1887 in harness, after a short life of hard work. His labours merited the approval, and his character gained for him the friendship of many residents of Madras.

[2] Ramanjulu Naidu was also employed under Government in the High Court of Madras, and became a prominent member of the native community. He was a municipal commissioner, trustee of several religious and charitable institutions, and sat as a member of the Hindu religious endowment committee.

work the tables which are contained in the present volume, for archæological purposes, on condition of obtaining some assistance from Government towards the cost of the calculations. An immense quantity of figures had to be worked out in order to obtain the correct result for each year, and several clerks had to be employed. My appeal to Government in 1883 resulted in a grant of Rs. 400 to Mr. Krishnasvami Naidu for expenses, and the work of computation was then energetically proceeded with. In a few months the rough calculations were complete, and all that remained to be done was carefully to check the results. Unfortunately Mr. Krishnasvami Naidu's health began to give way shortly after this, and although the whole work was actually finished during the ensuing year, he could not bring himself to publish owing to his extreme anxiety that the tables should be absolutely faultless. The calculations were therefore gone through again and again, and checked and re-checked both by himself and others. Years passed and I failed to induce the author either to carry the work through the Press himself, or to hand over the papers to me for that purpose. He was nervous for his own reputation, and his rapidly failing health contributed largely to render him disinclined to action,—so that it was not till after his death that I succeeded in securing the papers.

I have now carried the whole through the Press. By the aid of Mr. T. Lakshmiah Naidu, a son-in-law of Mr. Ramanjulu Naidu, who all along worked with his father-in-law and Mr. Krishnasvami Naidu on their chronological tables, and who has now checked Mr. Krishnasvami Naidu's figures; the calculations have been carefully scrutinized, and several mistakes corrected, while additional notes have been added. My earnest hope, therefore, is that the present tables may prove fairly free from faults. But, since a set of tables such as these, when finally perfected, will form a standard work of reference for Southern India, it is necessary above all things that there should be no errors of any kind left therein, and therefore it seemed advisable to print at present only a few copies for immediate use, the tables being subject to very careful criticism both in Europe and India before being finally issued. On my representing this in the proper quarter, the Madras Government were pleased to accede to my proposal and to order the adoption of the course so recommended (G.O., No. 55, Public, dated 17th January 1888). I desire to add that I am not responsible for the accuracy of the initial dates given in columns 7 and 10 of Table C, nor for the intercalated and suppressed months. These are entirely the result of Mr. Krishnasvami Naidu's labours checked by Mr. T. Lakshmiah Naidu.

The present tables therefore are tentative. Only a few copies will be printed. The type will be broken up. And only after thorough competent criticism and examination will the work be finally published. It is hoped that it will be found of permanent utility.

I desire to add a note as to the scope of these tables. They are in no sense intended as rivals to the tables of Prof. Jacobi and other writers, whose aim is to establish the mathematical accuracy of a date down to the fraction of a second. These tables may often vary by some hours, but it is hoped that they will be found simple and useful to general readers and students for whom the more elaborate calculations contained in the works alluded to are unnecessary. It must not be forgotten, also, that they are intended for use in courts and offices, as well as for historians and archæologists, so that extreme simplicity and readiness of calculation are essential to their success.

R. SEWELL.

CONTENTS.

	Page
TABLE A, giving the names of the months of the Solar year, Luni-solar year, and year of the Hijra, and the collective duration from the beginning of each kind of year to the end of each of its months	1
RULES AND EXAMPLES for converting Vernacular dates into English reckoning	4
RULES AND EXAMPLES for converting English dates into Vernacular reckoning	7
NOTES by Dr. J. Burgess, C.I.E., Director-General of Archæology	7d
TABLE B, giving the duration in days from the first day of an English common year to any day up to the end of the next succeeding common year	8
TABLE C, showing the initial dates of the Solar, and Luni-solar years, as obtaining in the Tamil and Telugu countries of Southern India according to the English calendar, and their corresponding Feriæ or days of the week	10
TABLE D, showing the initial dates of the Hijra years according to the English calendar, and their corresponding Feriæ or days of the week	78
APPENDIX—Extracts from Dr. Burnell's "South Indian Palæography," relating to Chronology.	
(a) Expression of numerals by words	93
(b) Expression of numerals by letters	94
(c) The Cycle of Bṛihaspati	95

CHRONOLOGICAL TABLES.

TABLE A.

TABLE GIVING THE NAMES OF THE MONTHS OF THE SOLAR YEAR, LUNI-SOLAR YEAR, AND YEAR OF THE HIJRA, AND THE COLLECTIVE DURATION FROM THE BEGINNING OF EACH KIND OF YEAR TO THE END OF EACH OF ITS MONTHS.

Part I.				Part II.				Part III.		
Solar Year.				Luni-solar Year.				Hijra Year.		
Months.			Collective duration (in days) from the beginning of the Year.	Months in their order of succession in Ordinary Years.			Collective duration (in days) from the beginning of the Year.	Months.		Collective duration (in days) from the beginning of the Year.
Serial Number.	Tamil Name.	Malayāḷam Equivalent.		Serial Number.	Telugu Name.	Tuḷu Equivalent.		Serial Number.	Name.	
1	2	3	4	1	2	3	4	1	2	3
1	Śittirai ..	Mēḍam ..	31	1	Chaitra ..	Paggu ..	30	1	Muharram ..	30
2	Vaiyāśi ..	Eḍavam ..	62	2	Vaiśākha ..	Bośā ..	59	2	Safar	59
3	Āṇi ..	Midunam.	94	3	Jyēshṭha ..	Kārtelu..	89	3	Rabī-al-awwal..	89
4	Āḍi ..	Karkaḍakam	125	4	Āshāḍha ..	Āṭi ..	118	4	Rabi'u-s-sāni ..	118
5	Āvaṇi ..	Chiṅgam ..	156	5	Śrāvaṇa ..	Sōṇa ..	148	5	Jamādi-l-awwal.	148
6	Puraṭṭāśi.	Kanni ..	187	6	Bhādrapada..	Nirṇāla..	177	6	Jamādi'u-s-sāni.	177
7	Arppiśi ..	Tulām ..	217	7	Aśvayuja ..	Bontelu..	207	7	Rajab	207
8	Kārttigai.	Vṛiśchikam.	246	8	Kārtika ..	Jārde ..	236	8	Sha'bān ..	236
9	Mārgaḷi..	Dhanu ..	276	9	Mārgaśira ..	Porārde..	266	9	Ramazān ..	266
10	Tai ..	Makaram..	305	10	Pushya ..	Pūntelu..	295	10	Shawwāl ..	295
11	Māśi ..	Kumbham.	335	11	Māgha ..	Māyi ..	325	11	Zūl-qa'dah ..	325
12	Paṅguṇi.	Mīnam ..	365	12	Phālguṇa ..	Suggi ..	354		Zūl-haja ..	354
				13	*In Intercalary Years.*	*In Intercalary Years.*	384	12	*In Intercalary Years.*	355

EXPLANATION.

For convenience sake, this table gives in one view, for the Solar, Luni-solar and *Hijra* years, the collective duration from the beginning of the year to the end of each of its months. It is designed to facilitate the exposition of the English equivalent of a given vernacular date.

PART I.—The *Sauramāṇa* or Solar Calendar is chiefly followed in the Tamiḻ Country, where the year begins with *Sittirai* and ends with *Paṅguṇi* as in this table. The durations of the months vary from 31 days, 55 *ghaḍiyas*, 32 *vighaḍiyas* and 1 *pira*, to 29 days, 20 *ghaḍiyas*, 53 *vighaḍiyas* and 1 *pira*; and in arriving at the collective durations for this table, fractions exceeding half a day in value have been taken as equivalent to one, and the rest omitted from the reckoning. Like the English Calendar, this Calendar admits of Leap-years, the Common year consisting of 365 days, and the Leap-year of 366. Such Leap-years recur, however, not at regular intervals, as in the English Calendar, but once in every three or four years. There are also three other Styles, (1) the Tinnevelly *Āṇḍu*, which names its months like the Tamiḻ Calendar as in Column 2, but begins the year with *Āvaṇi* and ends it with *Ādi*; (2) the South-Malayāḷam (Travancore and Cochin) *Kollam Āṇḍu*, which names its months as in Column 3, but begins the year with *Chiṅgam*; and (3) the North-Malayāḷam (British Malabar) *Kollam Āṇḍu*, which also names its months as in Column 3, but begins the year with *Kanni*.

PART II.—The *Chandramāṇa* or Luni-solar Calendar is chiefly followed in the Telugu and Kanarese Countries, where the year begins with *Chaitra* and ends with *Phālguna* as shown in this table, and where one month with another has the same duration, *i.e.*, 29 days, 31 *ghaḍiyas*, 50 *vighaḍiyas* and 7 *piras*. For the purpose of the collective durations in Column 4, fractions of days have been valued as in the case of the Solar Year. Every month begins immediately after the New Moon and is divided into two *pakshas* (fortnights), the first called the *śukla-* or *śuddha-paksha* (bright fortnight), and the second the *Krishṇa-* or *bahula-paksha* (dark fortnight). The Tuḷus of South Kanara follow this Calendar, but call their months by other names as given in Column 3. The Gujarāti settlers in Southern India observe a Bombay Style, according to which the year begins with *Kārtika* and ends with *Aśvayuja*, but in other respects, *i.e.*, as regards the names of the months and their division into fortnights and the order of their sequence, the Gujarāti Style follows the Telugu. There is a third Style followed by the Mārvādi settlers in those parts, which also was imported from Bombay, and according to which, though the year commences with the *śukla-paksha* (bright fortnight) of *Chaitra* as with the Telugu Calendar, the order of the sequence of the fortnights is reversed, the *Krishṇa-paksha* (dark fortnight) being reckoned the first in the month, and the *śukla-paksha* (bright fortnight) the second. In other words, the Mārvādi Calendar begins each month immediately after the *Full* and not after the *New* Moon. Below are given side by side these two modes of reckoning, and it will be seen that, while the *śukla-paksha* (bright fortnight) of a Mārvādi month goes by the same name as in the Telugu Calendar, every *bahula-paksha* (dark fortnight) stands one lunar month in advance of the Telugu.

Telugu Fortnights.	Corresponding Mārvādi Fortnights.	Telugu Fortnights.	Corresponding Mārvādi Fortnights.
Chaitra-śuddha.	Chaitra-śuddha.	Aśvayuja-śuddha.	Aśvayuja-śuddha.
Chaitra-bahula.	Vaiśākha-bahula.	Aśvayuja-bahula.	Kārtika-bahula.
Vaiśākha-śuddha.	Vaiśākha-śuddha.	Kārtika-śuddha.	Kārtika-śuddha.
Vaiśākha-bahula.	Jyēshṭha-bahula.	Kārtika-bahula.	Mārgaśira-bahula.
Jyēshṭha-śuddha.	Jyēshṭha-śuddha.	Mārgaśira-śuddha.	Mārgaśira-śuddha.
Jyēshṭha-bahula.	Āshāḍha-bahula.	Mārgaśira-bahula.	Pushya-bahula.
Āshāḍha-śuddha.	Āshāḍha-śuddha.	Pushya-śuddha.	Pushya-śuddha.
Āshāḍha-bahula.	Śrāvaṇa-bahula.	Pushya-bahula.	Māgha-bahula.
Śrāvaṇa-śuddha.	Śrāvaṇa-śuddha.	Māgha-śuddha.	Māgha-śuddha.
Śrāvaṇa-bahula.	Bhādrapada-bahula.	Māgha-bahula.	Phālguṇa-bahula.
Bhādrapada-śuddha.	Bhādrapada-śuddha.	Phālguṇa-śuddha.	Phālguṇa-śuddha.
Bhādrapada-bahula.	Aśvayuja-bahula.	Phālguṇa-bahula.	Chaitra-bahula.

A fourth Style of the Luni-solar Calendar, called the *Oṅko*,[1] obtains in a part of Ganjam. This is an Orissa Style. This Style follows the Mārvādi in the order of the sequence of its fort-

[1] Or *aṅka*?—(R.S.)

nights, but begins the year on the 12th (according to some, 11th) of *Bhādrapada-śuddha*, calling that day, as with the Mārvādis, the 12th or 11th, as the case may be, not the 1st. In other words, the Year changes its numerical designation every 11th or 12th day of *Bhādrapada-śuddha*. It is impossible, as yet, to say decidedly when the *Oṅko* reckoning commenced. Some perfectly valueless records in the great temple of Jagannātha at Purī show, and Dr. Hunter repeats, that it commenced with the reign of Subhānideva in 319 A.D., but the absurdity of this is shown by the fact that the chronicler states that the great Mughal invasion took place in 327 A.D. in the reign of his successor![1] Some say that this reckoning commenced with the reign of Chōḍagaṅga or Chōrgaṅga, the founder of the Gāṅgavaṁśa, whose date is assigned usually to 1131-32 A.D., while Sutton in his *History of Orissa* states that it was introduced in 1580 A.D. In the zamindari tracts of Parlakimeḍi, Peddakimeḍi and Chinnakimeḍi, the *Oṅko* Calendar is followed, but the people there also observe each a special Style, only differing from the parent Style and from one another in that they name their years after their own zamindars. A singular feature common to all these four kinds of regnal years is that, in their notation, the years whose numerals are 1 or 6, or whose numerals end with 6 or 0 (except 10), are dropped.[2] For instance, the first regnal year of a prince or zamindar is called the 2nd *Oṅko* of that prince or zamindar, and the year succeeding the 5th and 19th *Oṅkos* are called the 7th and 21st *Oṅkos* respectively. It is difficult to account for this mode of reckoning; it may be, as the people themselves allege, that these numerals are avoided because according to their traditions and *śāstras* they forebode evil, or it may possibly be, as some might be inclined to suppose, that the system emanated from a desire to exaggerate the length of each reign. There is also another unique convention, according to which the *Oṅko* years are not counted above 59, but the years succeeding 59 begin with a second series, thus, "Second 2," "Second 3," "Second 4," "Second 5," "Second 7," and so on. It will also be important to note that, when a prince dies in the middle of an *Oṅko*, his successor's 2nd *Oṅko* (first year of reign), which commences on his accession to the throne, does not run its full term of a year, but ends on the 11th or 10th day of *Bhādrapada-śuddha* following. To find, therefore, the English equivalent of a given *Oṅko* year, it will be necessary first to ascertain the Style to which it relates, *i.e.*, whether it is a Jagannātha *Oṅko* or a Parlakimeḍi *Oṅko*, and so on; secondly to value the given year by excluding the years dropped (namely, the 1st, 6th, 16th, 20th, 26th, 30th, 36th, 40th, 46th, 50th and 56th); and thirdly to ascertain the day when the prince or zamindar whose name is given ascended the throne. There are lists of Orissa princes available, but up to 1797 A.D. they would appear to be perfectly unauthentic.[3] The list of princes from that date forwards is reliable, and below are given the names of those after whom the later *Oṅko* years have been numbered, with the English dates corresponding to the commencement of the 2nd *Oṅkos* (first years) of their respective reigns.

Oṅko 2 (first year)	of	Mukundadeva	.. ..	September 2, 1797.
Do.	do.	Rāmachandradeva	.. ..	September 22, 1817.
Do.	do.	Vīrakeśvaradeva	.. ..	September 4, 1854.
Do.	do.	Divyasiṁhadeva	.. ..	September 8, 1859.

In the Luni-solar Calendar there are two peculiarities which should never be lost sight of. It admits of an intercalation which usually occurs once in two or three years, though sometimes it occurs in successive years; and occasionally, but very rarely, there are even two intercalated months in a single year. Such intercalations are made whenever two New Moons occur in one Solar month, the period intercalated being one Lunar month; and the intercalation itself consists in reckoning a month twice, calling the first *Adhika* (added), and the second *Nija* (true). The first 8 months and the 12th are the months that so admit of repetition. At times also, though at long intervals, *i.e.*, whenever there occurs no New Moon in a whole Solar month, a Lunar month is suppressed, the only months which admit of being so suppressed being the 9th, 10th, and 11th months. Whenever such suppression happens, the suppressed month is always preceded by the repetition of the 7th or 8th month in the same year, and also of the 12th month in that year or of the 1st month in the succeeding year, and the year in which a month is so suppressed becomes practically an Intercalary Year or an Ordinary Year according as the second intercalation falls due in the same year or the next. These two peculiarities in the Luni-solar Calendar render it necessary that, when asked to find the English equivalent a of given Luni-solar date, one must be

---

[1] The real date of the Muhammadan invasion seems to be 1568 A.D. (J.A.S.B. for 1883, LII, p. 233-4, note). The invasion alluded to is evidently that of the "Yavanas," but as to dates these temple chronicles must never be believed.—(R.S.)

[2] Mr. J. Beames states that "the first two years and every year that has a 6 or a 0 in it are omitted," so that the 37th *aṅka* of the reign of Rāmachandra is really his 28th year, since the years 1, 2, 6, 10, 16, 20, 26, 30, and 36 are omitted (J.A.S.B., 1883, Vol. LII, p. 234, *note*).—(R.S.)

[3] Sewell's *Sketch of the Dynasties of Southern India*, p. 64. *Archæological Survey of Southern India*, Vol. II, p. 204.

careful first to note, by reference to Table C, what month, if any, is repeated and what suppressed, so that one may be able to reckon the intercalated and suppressed months in their proper places in the serial order, and then ascertain the serial number of the given month. An Ordinary Year consists of 354 days, and an Intercalary Year of 384. Occasionally, however, the former counts 355 days, and the latter 383.

[Though these tables have been prepared solely for Southern India, it is right to notice that the order of titles of the 60 years cycle as used in Bengal varies from the southern reckoning. Thus A.D. 1850 is in Madras called *Sādhāraṇa*, the 44th title, but in Bengal it is *Durmati*, the 55th title. These variations give rise to confusion and difficulty, and it is to be hoped that, some day, they will be worked out and tabulated. (R.S.)]

PART III.—The *Hijra* Calendar is followed by the Muhammadan population. Its months count alternately 30 and 29 days, the last month consisting of 30 days instead of 29 in Intercalary Years. An Ordinary Year is thus one of 354 days, while an Intercalary Year counts 355 days.

RULES.

I. Given a vernacular year, month, and date; take down on a slip of paper from Table C or D, as the case may be, the English equivalent of the initial date of the given year, and then enter, in a line with the initial date, the given year's ferial number and date-indicator, *i.e.*, the number given in brackets after the English initial date, and add to each of them, from Table A, the collective duration up to the end of the month preceding the given one, as also the numeral of the given date *minus* 1. Of the two totals thus obtained, the first gives the *day of the week* by casting out sevens from it and valuing the remainder left beginning with Sunday as 1; and Table B shows the *date* for which the second total stands, such second total, when over 365 in Ordinary Years and 366 in Leap-years, indicating that the date falls in the ensuing English year. The *day of the week* and *date* so found are the English equivalents of the given date.

II. Where the *date* indicated by the second total obtained by Rule I falls on or after the English intercalated day, viz., the 29th February in a Leap-year, reduce the total by 1 day and then find the *date* by Table B.

III. Where the given date is a Tinnevelly *Āṇḍu* or South-Malayāḷam date, convert it first into a Tamiḻ date by reference to Part I of Table A, beginning the year from *Āvaṇi* (*Chiṅgam*).

IV. Where the given date is a North-Malayāḷam *Āṇḍu*, convert it first into a Tamiḻ date by reference to Part I of Table A, beginning the year from *Kanni*.

V. Where the given date is a Luni-solar *Bahula* date, add 15 to the given date, and reckon the total as the given date.

VI. Where the given date is a Mārvādi or *Oṅko* date, convert it first into a Telugu date by reference to the comparative list on page 2 *supra*.

VII. The Gujarāti and Mārvādi dates are always coupled with the years of the *Vikramāditya* Era. Given, therefore, a Gujarāti or Mārvādi year, find the English year and *Kali* year in which it commences, by subtracting 57 from the numeral of the given year for the former, and adding 3,045 for the latter.

VIII. The *Fasli* years, as used in Southern India, are not divided into months and dates. The computation by *Faslis* was evidently commenced in these parts only in A.H. 1042, which began on 9th July 1632 A.D.,[1] and the first *Fasli* year was called "1042" after the then current *Hijra*. The year was originally commenced on the 1st *Ādi* of the Solar year. Subsequently, *i.e.*, after the British power was established here, it was reckoned to begin on the 12th July of the English year till 1855 A.D., since when it has been reckoned to begin, as now, on the 1st July. To find, therefore, the English year in which a given *Fasli* commences, add 590 to the latter.

Note 1.—*The calculations for Table C are all made in* mean *time for Lanka, a place supposed to be on the Equator, having* zero *for its Latitude and Longitude, and the equivalent, as expounded by*

[1] In the reign of Shah Jahan.

Tables A, B and C, of a Solar or Luni-solar date, will very generally be the same all through the Country. At times, however, owing to the conversion of mean *into* true *time and to small differences between one place and another in the time of rising and setting of the Sun and Moon, the equivalent so obtained might differ from the actual one by a day. At times also, owing to small differences between the true time of the Sun's entrance into one of the Signs of the Zodiac and of that of the conjunction of the Sun and Moon in that Sign, an intercalation, which, according to Table C, Col. 11, would be due in a particular month of the Luni-solar year, might actually happen in the month immediately preceding or succeeding it. From the same cause also it might sometimes be that the name of a Lunar month is not suppressed where such suppression is shown to be due by the same Col. 11, and when this occurs, there will be no intercalation preceding it in the same year. In documents, however, such dates are often found coupled with the days of the week with which they correspond; and in particular, Luni-solar dates will, as a rule, be found always so coupled. In such cases, therefore, the days of the week given will serve to fix the actual dates required; for, the nearest* date *answering to the given day of the week, i.e., the one immediately preceding or succeeding it, will be the required English* date.

Note 2.—*The results obtained from Table A for Solar or Luni-solar dates will be Old Style* dates *up to 8th and 3rd April* 1753 *A.D. respectively. But as the New Style was introduced with effect from after 2nd September* 1752 *A.D.*, 11 *days should be added to the result, if between 3rd September of that year and 8th or 3rd April* 1753 *A.D. (both days inclusive), as the case may be, and the total will represent the New Style* date *required. Similarly, the results for the Hijra dates will be Old Style* dates *up to 7th November* 1752 *A.D., and they should be converted into the New Style as above, if between 3rd September and 7th November* 1752 *A.D. (both days inclusive).*

EXAMPLES.

I.—Required the English equivalent of 20th *Paṅguṇi* of *Rudhirodgāri*, *Kali* 4905.

		Ferial Number.		Date Indicator.
RULE I.	*Kali* 4905 commences (Tab. C) April 11, 1803 ..	2		101
	Add collective duration up to end of *Māsi* ..	335 (Pt. I, Tab. A).		335
	Given date (20) *minus* 1 =	19		19
		356		455
	Cast out sevens =	350	Deduct	1 (RULE II).
		6 = Friday.		454=30th March (next year).
	The answer is, Friday, March 30, 1804.			

II.—Required the English equivalent of 20th *Āvaṇi* of the Tinnevelly *Āṇḍu* year 980, or of 20th *Chiṅgam* of the South-Malayāḷam *Āṇḍu* year 980.[1]

RULE III. *Āṇḍu* 980 commences (Tab. C) in *Kali* 4906, which commences with *Śittirai*, the same (Part I, Table A) as *Mēṭam*.
Āvaṇi (*Chiṅgam*), which is the first month of the given *Āṇḍu*, is the same as *Āvaṇi*, the fifth month of *Kali* 4906.

		Ferial Number.		Date Indicator.
RULE I.	*Kali* 4906 commences (Tab. C) April 11, 1804.	4		102
	Add collective duration up to end of *Āḍi* (*Karkaṭakam*)	125 (Pt. I, Tab. A).		125
	Given date (20) *minus* 1 =	19		19
		148		246
	Cast out sevens =	147	Deduct	1 (RULE II).
		1 = Sunday.		245 = 2nd Septr.
	The answer is, Sunday, September 2, 1804.[1]			

[1] Compare the results in Examples II and III for the difference between the two Styles of the Malayāḷam *Āṇḍu* reckoning.

III.—Required the English equivalent of 20th *Chiṅgam* of the North-Malayāḷam *Āṇḍu* year 979.[1]

RULE IV. { *Āṇḍu* 979 commences (Tab. C) in *Kali* 4905, which commences with *Śittirai*, the same (Part I, Table A) as *Mēṭam*.
Chiṅgam, which is the twelfth month of the given *Āṇḍu*, is the same (Part I, Table A) as *Āvaṇi*, the fifth month of *Kali* 4906.

RULE I.

	Ferial Number.		Date Indicator.
Kali 4906 commences (Tab. C) April 11, 1804 ..	4		102
Add collective duration up to end of *Āḍi* (*Karkaṭakam*)	125 (Pt. I, Tab. A).		125
Given date (20) *minus* 1 =	19		19
	148		246
Cast out sevens =	147	Deduct	1 (RULE II).
	1 = Sunday.		245 = 2nd Septr.

The answer is, Sunday, September 2, 1804.[1]

IV.—Required the English equivalent of 2nd *Kārtika*- (Tuḷu *Jārde*-) *bahula* of *Chitrabhānu*, *Kali* 4924 (Telugu).[2]

LAST PARA. ON PAGE 3. { Col. 11, Table C, indicates 7, *i.e.*, the month *Āśvayuja*, which precedes the given month, as the intercalated month, and the foot-note shows that *Pushya* (10), which succeeds the given month, is the suppressed month.
Kārtika, the eighth month, thus becomes the ninth month.

RULES I AND V.

	Ferial Number.	Date Indicator.
Kali 4924 commences (Tab. C) March 24, 1822 ..	1	83
Add collective duration up to end of 8th month ..	236 (Pt. II, Tab. A).	236
Given date (2) *minus* 1 = 15 + 2 − 1 =	16 (RULES II and V).	16
	253	335 = 1st Decr.
Cast out sevens =	252	
	1 = Sunday.	

The answer is, Sunday, December 1, 1822.[2]

V.—Required the English equivalent of 2nd *Chaitra-bahula* of the *Vikramāditya* year 1879 (Gujarāti).

RULE VII.—*Vikramāditya* 1879 commences in (1879—57) 1822 A.D., or (1879+3045) *Kali* 4924.

PAGE 2. { The given *Chaitra*, which is the first month of the Gujarāti year, is the same as *Chaitra*, which commences the Telugu year (*Kali* 4924) in 1822 A.D.

RULE I.

	Ferial Number.	Date Indicator.
Kali 4924 commences (Tab. C) March 24, 1822 ..	1	83
Given date (2) *minus* 1 = 15 + 2 − 1 =	16 (RULES II and V).	16
	17	99 = 9th April.
Cast out sevens =	14	
	3 = Tuesday.	

The answer is, Tuesday, April 9, 1822.

[1] Compare the results in Examples II and III for the difference between the two Styles of the Malayāḷam *Āṇḍu* reckoning.
[2] Compare this result with that of Example VI, and note the difference between the Telugu and Mārvāḍi Styles.

VI.—Required the English equivalent of 2nd *Mārgaśira-bahula of the Vikramāditya* year 1879 (Mārvādi).[1]

RULE VII.—*Vikramāditya* 1879 commences in (1879—57) 1822 A.D., or (1879 + 3045) *Kali* 4924.

RULE VI.—*Mārgaśira-bahula* of the Mārvādis is equivalent to *Kārtika-bahula* (Telugu).

RULE I. Hence the given date is equivalent to 2nd *Kārtika-bahula* of *Kali* 4924, and this has been worked out in Example IV.
The answer is, Sunday, December 1, 1822.[1]

VII.—Required the English equivalent of 20th *Muharram* of *Hijra* 1260.

RULE I.

	Ferial Number.	Date Indicator.
A.H. 1260 commences (Tab. D) Jany. 22, 1844.	2	22
Given date (20) *minus* 1 =	19	19
	21	41 = 10th Feby.
Cast out sevens =	21	
	0 = Saturday.	

The answer is, Saturday, February 10, 1844.

To convert English into South-Indian Dates.

Rules.

IX. Given an English date, month and year. Take down on a slip of paper from Table C or D, as the case may be, the corresponding vernacular year and the English equivalent of its initial date. If the given date falls before such equivalent, take down the next previous vernacular year, and the English equivalent of its initial date. Enter separately the ferial number and the initial-date-indicator of the year so taken down. Subtract the initial-date-indicator from the collective duration up to the given date from Part I or II of Table B according as the given date falls in the same English year as that so taken down, or the year following; add the remainder to the ferial number. From the same remainder subtract the collective duration from Part I, II or III of Table A, as the case may be, for such number of months as falls short of the said remainder only by a fraction of a month, and add 1 to the remainder. Of the two totals thus obtained, the first gives the day of the week by casting out sevens from it, and valuing the remainder left beginning with Sunday as 1; and the second gives the date in the vernacular month following that up to whose end the collective duration from Table A was subtracted. The day of the week and date so found are the vernacular equivalent of the given date.

X. Where the given English date is in a Leap-year, and falls on or after the 29th February, or where the next previous *English* year taken down under Rule IX is a Leap-year, add 1 to the collective duration found from Table B.

XI. Where the required date is a Tinnevelly *Āṇḍu*, or South-Malayāḷam date, find first the Tamiḷ equivalent of the given date, and then convert it into the required date by reference to Part I of Table A, beginning the year from *Āvaṇi* (*Chiṅgam*).

XII. Where the required date is a North-Malayāḷam *Āṇḍu*, find first the Tamiḷ equivalent of the given date, and then convert it into the required date by reference to Part I of Table A beginning the year from *Kanni*.

---

[1] Compare this result with that of Example IV, and note the difference between the Telugu and Mārvāḍi Styles.

XIII. (*a*) Where the required date is a Luni-solar (Telugu) date, the second total, if less than 16, will indicate a *Suddha* date; if more than 15, subtract 15 from the total and the remainder will indicate a *Bahula* date. (It is customary to call the 15th *Bahula the 30th.*)

(*b*) Where the intercalated month in a Luni-solar year (indicated in Col. 11 of Table C) precedes the month immediately preceding the one found by Rule IX, such immediately preceding month is the required month; where the intercalated month immediately precedes the one found by the rule, such immediately preceding month with the prefix "*Nija*" added to it is the required month; and where the intercalated month is the same as that found by the rule, such month with the prefix "*Adhika*" added to it is the required month.

(*c*) Where the suppressed month indicated by the foot-note precedes the month found by Rule IX, the required month is the same as that found by Rule IX.

XIV. Where the required date is a Mārvāḍi or Oṅko date, find first the Telugu equivalent of the given date, and then convert it into the required date by reference to the comparative list on page 2 *supra*.

XV. The Gujarāṭi and Mārvāḍi dates are always computed by the *Vikramāditya* Era. Required a Gujarāti or Mārvāḍi year, find the *Vikramāditya* year and *Kali* year which commence in the given year, by adding 57 to the numeral of the given Christian year for the former and 3,102 for the latter.

XVI. To find the *Fasali* year which commences in the given year, subtract 590 from the latter. (*Vide* Rule VIII).

Note 1.—(*See Note* 1, *page* 4.)

Note 2.—*The English dates given in Table C for Solar and Luni-solar years are Old Style dates up to 8th and 3rd April* 1753 *A.D. respectively. Where, therefore, the given English date (New Style) is between 3rd September* 1752 *and 8th or 3rd April* 1753 *A.D. (both days inclusive), it should be converted into the Old Style by subtracting* 11 *days from the given date, and the remainder should be reckoned as the given date for the purpose of Rule IX. Similarly the dates given in Table D for Hijra years are Old Style dates up to 7th November* 1752 *A.D., and the given date should therefore be converted into the Old Style as above, if between 3rd September and 7th November* 1752 *A.D. (both days inclusive). See Note* 2, *page* 5.

Examples.

VIII.—Required the Tamiḷ equivalent of March 30, 1804.

Rule IX.

	Ferial Number.		Date Indicator.	
Rudhirodgāri, *Kali* 4905, commences (Tab. C) April 11, 1803	2		101	
Subtract the date-indicator from the collective duration up to March 30, 1804		454 + 1 (Rule X)	455	(Pt. II, Tab. B)
		Remainder =	354	
Add the Remainder to the ferial number ..	354			
From the same Remainder subtract the collective duration up to end of *Māsi*.			335	(Pt. I, Tab. A)
			19	
Add 1 to the Remainder			1	
Total ..	356		20	= 20th *Paṅguṇi*.
Cast out sevens =	350			
	6	= Friday.		

The answer is, Friday, 20th *Paṅguṇi* of *Rudhirodgāri*, *Kali* 4905.

IX.—Required the Tinnevelly *Āṇḍu* or the South-Malayāḷam *Āṇḍu* equivalent of September 2, 1804.

Rules IX. & XI.

	Ferial Number.	Date Indicator.
Āṇḍu 980 commences in *Kali* 4906, which commences (Tab. C) April 11, 1804	4	102
Subtract the date-indicator from the collective duration up to September 2, 1804		245+1 (Rule X) 246 (Pt. I, Tab. B)
		Remainder = 144
Add the Remainder to the ferial number.. ..	144	
From the same Remainder subtract the collective duration up to end of *Āḍi*		125 (Pt. I, Tab. A)
		19
Add 1 to the Remainder		1
Total ..	148	20 = 20th *Āvaṇi*.
Cast out sevens =	147	
	1=Sunday.	

Āvaṇi, which is the fifth month of the Tamiḷ year, is the same (Part I, Table A) as *Āvaṇi* the first month of the Tinnevelly *Āṇḍu*, or *Chiṅgam*, the first month of the South-Malayāḷam *Āṇḍu*.
{ Tamiḷ date = 20th *Āvaṇi*.
Tinnevelly *Āṇḍu* = 20th *Āvaṇi*.
South-Malayāḷam *Āṇḍu* = 20th *Chiṅgam*. (Rule XI).

The answer is Sunday, 20th *Āvaṇi* of the Tinnevelly *Āṇḍu* year 980, or 20th *Chiṅgam* of the South-Malayāḷam *Āṇḍu* year 980.

X.—Required the North-Malayāḷam *Āṇḍu* equivalent of September 2, 1804.

Rules IX & XII.

	Ferial Number.	Date Indicator.
Āṇḍu 980 commences in *Kali* 4906, which commences (Tab. C) April 11, 1804	4	102
Subtract the date-indicator from the collective duration up to September 2, 1804		245 + 1 (Rule X) 246 (Pt. I, Tab. B)
		Remainder = 144
Add the Remainder to the ferial number	144	
From the same Remainder subtract the collective duration up to end of *Āḍi*		125 (Pt. I, Tab. A)
		19
Add 1 to the Remainder		1
Total ..	148	20 = 20th *Āvaṇi*.
Cast out sevens =	147	
	1 = Sunday.	

Āvaṇi, which is the fifth month of the Tamiḷ year, is the same (Pt. I, Tab. A) as *Chiṅgam*, the twelfth month of the North-Malayāḷam *Āṇḍu* year 979.
{ Tamiḷ = 20th *Āvaṇi*.
North-Malayāḷam *Āṇḍu* = 20th *Chiṅgam* (Rule XII).

The answer is Sunday, 20th *Chiṅgam* of the North-Malayāḷam *Āṇḍu* year 979.

XI.—Required the Telugu (or Tuḷu) equivalent of December 1, 1822.

Rules IX & XIII.		Ferial Number.		Date Indicator.
	Chitrabhānu, Kali 4924 commences (Tab. C) March 24, 1822	1		83
	Subtract the date-indicator from the collective duration up to December 1, 1822			335 (Pt. I, Tab. B)
			Remainder =	252
	Add the Remainder to the ferial number	252		
	From the same Remainder subtract the collective duration up to end of *Kārtika*			236 (Pt II, Tab. A)
				16
	Add 1 to the Remainder			1
	Total ..	253		17
	Cast out sevens =	252	Deduct	15 (Rule XIIIa)
		1 = Sunday.		2 = 2nd *Mārgaśira-bahula.*
	Column 11, Table C, indicates 7, *i.e.*, the month *Aśvayuja* as the intercalated month and it precedes *Kārtika*, the month immediately preceding *Mārgaśira* found by Rule IX; *Mārgaśira* is thus equivalent to *Kārtika* by Rule XIII.			= 2nd *Kārtika-bahula* (Rule XIIIb)
	Telugu *Kārtika* is equivalent to Tuḷu *Jārde* (Part II, Table A).			Telugu = 2nd *Kārtika-bahula.* Tuḷu = 2nd *Jārde-bahula* (Part II, Table A).
	The answer is, Sunday, 2nd *Kārtika-* (or Tuḷu *Jārde-*) *bahula* of *Chitrabhānu, Kali* 4924.			

XII.—Required the Gujarāti equivalent of April 9, 1822.

Rule XV. The *Vikramāditya* year and *Kali* year which commence in the given year are (1822+57=) 1879 and (1822+3102=) 4924 respectively.

Rule IX.		Ferial Number.		Date Indicator.
	Vikramāditya 1879 commences in *Kali* 4924, which commences (Tab. C) March 24, 1822	1		83
	Subtract the date-indicator from the collective duration up to April 9, 1822			99 (Pt. I, Tab. B)
			Remainder =	16
	Add the Remainder to the ferial number.. ..	16		
	Add 1 to the Remainder			1
	Total ..	17		17
	Cast out sevens =	14	Deduct	15 (Rule XIIIa)
		3 = Tuesday.		2 = 2nd *Chaitra-bahula.*
	Chaitra, the first month of the Telugu year, is the same (Part II, page 2) as *Chaitra*, the first month of the Gujarāti year.			Telugu = 2nd *Chaitra-bahula.* Gujarāti = 2nd *Chaitra-bahula* (Part II, page 2).
	The answer is, Tuesday, 2nd *Chaitra-bahula* of the *Vikramāditya* year 1879 (Gujarāti).			

XIII.—Required the Mārvāḍi equivalent of December 1, 1822.

Rule XV. The *Vikramāditya* year and *Kali* year which commence in the given year are (1822 + 57 =) 1879 and (1822 + 3102 =) 4924 respectively.

Rules IX, XIII & XIV.

The Telugu equivalent of the given date has been worked out in Example XI, and the answer was Sunday, 2nd *Kārtika-bahula* of *Kali* 4924.	Telugu = 2nd *Kārtika-bahula*.
Kārtika-bahula (Telugu) is equivalent to *Mārgaśira-bahula* of the Mārvāḍi.	Mārvāḍi = 2nd *Mārgaśira-bahula* (Rule XIV) (Comparative List, page 2 *supra*).

The answer is Sunday, 2nd *Mārgaśira-bahula* of the *Vikramāditya* year 1879 (Mārvāḍi).

XIV.—Required the *Hijra* equivalent of February 10, 1844.

Rule IX.

	Ferial Number.	Date Indicator.
A. H. 1260 commences (Tab. D) January 22, 1844	2	22
Subtract the date-indicator from the collective duration up to February 10, 1844		41 (Pt. I, Tab. B)
Remainder =		19
Add the Remainder to the ferial number ..	19	
Add 1 to the Remainder		1
	21	20 = 20th *Muharram*.
Cast out sevens =	21	
	0 = Saturday.	

The answer is, Saturday, 20th *Muharram* of *Hijra* 1260.

NOTES BY DR. J. BURGESS, C.I.E., DIRECTOR-GENERAL, ARCHÆOLOGICAL SURVEY.

I.—On the Muhammadan cycle.

The Hijra year is purely a lunar one of 12 lunations, and to make it accord as nearly as possible with the moon's motion a day is intercalated at the ends of 11 of the years in a cycle of 30: thus the mean length of the year is $354\frac{11}{30}$ days. Compared with the Julian year of $365\frac{1}{4}$ days in use in Europe till near the end of the sixteenth century, the ratio of the Hijra to the Julian year is very nearly as 97 : 100 or as 100 to 103. Hence the following very simple "rule of thumb" for converting dates of the one calendar into those of the other: from the Hijra date deduct 3 per cent. and add 622 for the date A.D.; and conversely, subtract 622 from the Christian date and add 3 per cent.[1] to the remainder, calling the fraction an additional unit for the *current* year.

It is evident that the commencement of the Hijra year will move backwards through the solar year at the rate of nearly 11 days each year. Thus 32 Julian years will be 6 days short of 33 Hijra ones; but 33 Julian will exceed 34 Hijra years by 5 days; 65 Julian years will be less than 67 Hijra ones by only about 1 day; and lastly 293 of the former years differ less than half a day from 302 of the latter, and 521 Julian by only about a third of a day from 537 Hijra years. The correct ratio is 1 : 0·970203 or 1·03071 : 1.

The intercalary years are arranged in slightly different order by different Musalman astronomers, and accordingly vary in different Muhammadan countries, and sometimes at different periods in the same country. The different orders of intercalation usually employed are—(1) to make the 2nd, 5th,

[1] More correctly $3\frac{1}{14}$ per cent., so that after the seventh century Hijra, this "Rule" may give half a year too early a date, and nearly a year now.

8th, 10th, 13th, 16th, 19th, 21st, 24th, 27th and 29th in the cycle of 30 intercalary; (2) sometimes this is varied only by making the 18th intercalary instead of the 19th; (3) another system is to make the 7th, 18th and 26th intercalary, instead of the 8th, 19th and 27th; and (4) a fourth, largely used, varies on this last by using the 15th also in place of the 16th. Hence the tables may sometimes differ by one day from a recorded date.

The Gregorian calendar, now in use in all Christian countries, except Russia, differs from the Julian, in there being 3 fewer intercalary days in 400 years of the former. 391 Gregorian years are almost exactly equal to 403 of the Hijra. The true ratio is 1 Gregorian year = 1·030691 Hijra, or 1 Hijra year = 0·970223 Gregorian.

II.—On finding the Bṛihaspati year.

The following may be added after line 11, p. 4, above. In Northern India a year of the Jovian cycle is omitted once on an average of 85 $\frac{5}{22}$ years, or 22 in 1875 years; hence it has advanced on the southern system by 11 in about 950 years. The year of the cycle in Northern India is found by multiplying the *Śaka* year by 22, adding 4291 and dividing the sum by 1875, then adding the *Śaka* date to the integral of the quotient, and dividing by 60; the remainder is the year of the cycle. Thus for *Śaka* 1772, the first operation gives 23 and a remainder of 260; then 1772 + 23 ÷ 60, gives as a remainder the 55th year of the cycle or *Durmati* current. If the *Kaliyuga* year is used, the usual rule is—multiply it by 1·0117, and to the integers of the product add 26, and divide the sum by 60 as before. But this differs at certain points from the rule for *Śaka* dates, which is equivalent to this: 'From 22 times the *Kali* date subtract 22 or diminish the *Kaliyuga* date by 1 and multiply by 22, and divide by 1875; to the integers of the quotient add 26 plus the *Kaliyuga* and divide by 60 as above.'

The remainder from the first division indicates how far the proper *Bṛihaspati* year has advanced at the beginning of the *Śaka* or *Kaliyuga* year for which the calculation is made: thus for Ś. 1772, the remainder is 260, showing that the *Durmati* year of the Jovian cycle has at the beginning of Ś. 1772 already advanced $\frac{260}{1875}$ or about 1-7th of its duration, and consequently will terminate before the expiration of the *Śaka* year. For the Tamiḻ year add 11 to the *Śaka* year and divide by 60, the remainder is the corresponding cycle year; thus for Ś. 1772, we have 1772+11÷60 = 29, and remainder 43 for *Kīlaka*.

III.—On finding the intercalary months.

To find the Hindu intercalary years. Let Ś = *Śaka* year.

$$\frac{Ś}{19} = Q + \text{Remainder. Call Remainder } r.$$

Then if r or $r + 19$, or $r + 38$, or $r + 57$ be divisible by 8 with a quotient of 2 or more and no remainder, Ś has an intercalary month, and, n being any of the integers 1, 2, 3, $\frac{r + n.19}{8} = M + 1$;—

When M =	1	it is *Chaitra*.
,,	2	,, *Vaiśākha*.
,,	3	,, *Jyeshṭha*.
,,	4	,, *Āshādha*.
,,	5 or 6	,, *Śrāvana*.
,,	7	,, *Bhādrapada*.

Thus for Ś = 1810, $\frac{1810}{19} = 95 + (r = 5)$, and $\frac{5+19}{8} = 3$ with no remainder. Then $M = 3 - 1 = 2$, or *Vaiśākha* intercalary.

So Ś. 1807 gives $r = 2$, and $\frac{2+38}{8} = 5 \therefore M = 4 =$ *Āshādha*.

If $\frac{r + n.19}{8}$ give a remainder, there is no intercalary month in the year in question.

IV.—On the Kollam Āṇḍu.

The Kollam Āṇḍu began 25th August 825 A.D., on the Sun's entry into *Kanyá:* this is the northern Kollam year, but there is a southern one which begins a month earlier on the sun's entering *Simha* (or *Chiñgam*). On the first day of the Kollam Era 1,434,160 days of the *Kaliyuga* had expired: this is preserved in the chronogram.

आचार्य वाकभेध
0 6 1 4 3 4 1

The months are sidereal, and the year consists of 365*d*, 15*nd*, 31*vi*, 15*ni* = 365·2586805*d*, and the calendars are arranged to have every 4th year of 366 days and every 116th of 367 days; that is 116 years contain 42370 days, or the average year is 7 seconds less than the astronomical, an error which amounts to only 13 min. 32 sec. in 116 years. The chief difference between the northern and southern systems is, that if the sun enters a sign of the zodiac during the day time, that day is reckoned in the northern calendar as the first day of the month corresponding to that sign; whereas in the south the sun must have entered the sign within the first 3 of the 5 parts into which the day is divided, otherwise the next day is reckoned the first of the month.

TABLE

TABLE GIVING THE DISTANCE FROM THE FIRST DATE OF AN ENGLISH *Common* YEAR

Part I.

Days of a year reckoned from the 1st of January of the same year.

	JAN.	FEB.	MAR.	APR.	MAY.	JUN.	JUL.	AUG.	SEP.	OCT.	NOV.	DEC.	
1	1	32	60	91	121	152	182	213	244	274	305	335	1
2	2	33	61	92	122	153	183	214	245	275	306	336	2
3	3	34	62	93	123	154	184	215	246	276	307	337	3
4	4	35	63	94	124	155	185	216	247	277	308	338	4
5	5	36	64	95	125	156	186	217	248	278	309	339	5
6	6	37	65	96	126	157	187	218	249	279	310	340	6
7	7	38	66	97	127	158	188	219	250	280	311	341	7
8	8	39	67	98	128	159	189	220	251	281	312	342	8
9	9	40	68	99	129	160	190	221	252	282	313	343	9
10	10	41	69	100	130	161	191	222	253	283	314	344	10
11	11	42	70	101	131	162	192	223	254	284	315	345	11
12	12	43	71	102	132	163	193	224	255	285	316	346	12
13	13	44	72	103	133	164	194	225	256	286	317	347	13
14	14	45	73	104	134	165	195	226	257	287	318	348	14
15	15	46	74	105	135	166	196	227	258	288	319	349	15
16	16	47	75	106	136	167	197	228	259	289	320	350	16
17	17	48	76	107	137	168	198	229	260	290	321	351	17
18	18	49	77	108	138	169	199	230	261	291	322	352	18
19	19	50	78	109	139	170	200	231	262	292	323	353	19
20	20	51	79	110	140	171	201	232	263	293	324	354	20
21	21	52	80	111	141	172	202	233	264	294	325	355	21
22	22	53	81	112	142	173	203	234	265	295	326	356	22
23	23	54	82	113	143	174	204	235	266	296	327	357	23
24	24	55	83	114	144	175	205	236	267	297	328	358	24
25	25	56	84	115	145	176	206	237	268	298	329	359	25
26	26	57	85	116	146	177	207	238	269	299	330	360	26
27	27	58	86	117	147	178	208	239	270	300	331	361	27
28	28	59	87	118	148	179	209	240	271	301	332	362	28
29	29	..	88	119	149	180	210	241	272	302	333	363	29
30	30	..	89	120	150	181	211	242	273	303	334	364	30
31	31	..	90	..	151	..	212	243	..	304	..	365	31
	JAN.	FEB.	MAR.	APR.	MAY.	JUN.	JUL.	AUG.	SEP.	OCT.	NOV.	DEC.	

B.

TO ANY DATE UP TO THE END OF THE NEXT SUCCEEDING ENGLISH *Common* YEAR.

Part II.

Days of a year reckoned from the 1st of January of the preceding year.

	JAN.	FEB.	MAR.	APR.	MAY.	JUN.	JUL.	AUG.	SEP.	OCT.	NOV.	DEC.	
1	366	397	425	456	486	517	547	578	609	639	670	700	1
2	367	398	426	457	487	518	548	579	610	640	671	701	2
3	368	399	427	458	488	519	549	580	611	641	672	702	3
4	369	400	428	459	489	520	550	581	612	642	673	703	4
5	370	401	429	460	490	521	551	582	613	643	674	704	5
6	371	402	430	461	491	522	552	583	614	644	675	705	6
7	372	403	431	462	492	523	553	584	615	645	676	706	7
8	373	404	432	463	493	524	554	585	616	646	677	707	8
9	374	405	433	464	494	525	555	586	617	647	678	708	9
10	375	406	434	465	495	526	556	587	618	648	679	709	10
11	376	407	435	466	496	527	557	588	619	649	680	710	11
12	377	408	436	467	497	528	558	589	620	650	681	711	12
13	378	409	437	468	498	529	559	590	621	651	682	712	13
14	379	410	438	469	499	530	560	591	622	652	683	713	14
15	380	411	439	470	500	531	561	592	623	653	684	714	15
16	381	412	440	471	501	532	562	593	624	654	685	715	16
17	382	413	441	472	502	533	563	594	625	655	686	716	17
18	383	414	442	473	503	534	564	595	626	656	687	717	18
19	384	415	443	474	504	535	565	596	627	657	688	718	19
20	385	416	444	475	505	536	566	597	628	658	689	719	20
21	386	417	445	476	506	537	567	598	629	659	690	720	21
22	387	418	446	477	507	538	568	599	630	660	691	721	22
23	388	419	447	478	508	539	569	600	631	661	692	722	23
24	389	420	448	479	509	540	570	601	632	662	693	723	24
25	390	421	449	480	510	541	571	602	633	663	694	724	25
26	391	422	450	481	511	542	572	603	634	664	695	725	26
27	392	423	451	482	512	543	573	604	635	665	696	726	27
28	393	424	452	483	513	544	574	605	636	666	697	727	28
29	394	..	453	484	514	545	575	606	637	667	698	728	29
30	395	..	454	485	515	546	576	607	638	668	699	729	30
31	396	..	455	..	516	..	577	608	..	669	..	730	31
	JAN.	FEB.	MAR.	APR.	MAY.	JUN.	JUL.	AUG.	SEP.	OCT.	NOV.	DEC.	

TABLE C.

TABLE SHOWING THE INITIAL DATES OF THE SOLAR AND LUNI-SOLAR YEARS, AS OBTAINING IN THE TAMIḶ AND TELUGU COUNTRIES OF SOUTHERN INDIA ACCORDING TO THE ENGLISH CALENDAR, AND THEIR CORRESPONDING FERIÆ OR DAYS OF THE WEEK.

XPLANATION.

Col. 1. The Hindu Cycle of 60 years, technically known as the *Brihaspati Chakra* or Cycle of Jupiter, begins with the year *Prabhava* (1) and ends with the year *Kshaya* (60), and the serial number given in this column indicates the order in which each year stands in the Cycle.

Col. 2. The earliest known inscription in which the mode of reckoning by the Cycle of 60 years appears is one of the Rāshṭrakūṭa King, Govinda III, dated *Śaka* 725 (803-4 A.D.), *Subhānu*. The Cycle is referred to in the *Sūrya Siddhānta*. In Southern India, the first year of the *Kali Yuga* is reckoned to concur with *Pramādi*, the 13th year of the Cycle, but this concurrence was evidently secured by reckoning backwards. For the sake of uniformity, the Cyclic names are given all through, but with this distinction, that, till 787 A.D. (the beginning of a Cycle), they are inserted in italics, as indicating that they had apparently not till then been generally in use.

Appended to the Tables will be found a list of these Cyclic years as given by Dr. Burnell with their correct spelling and variants. The spelling adopted in the text is the most usual.

Col. 4. This is what is now called the *Śālivāhana Śaka*. Mr. Fleet, who has lately carefully gone into the question (see *Ind. Ant.* XII, 207, 291) quotes inscriptions to show that in earlier times the years of the *Śaka* Era went by the simple name of *Samvatsara*, a nomenclature more generally used to indicate the years of the *Vikramāditya* Era, and that the *Śaka* Era itself subsequently took various names in succession, such as *Śaka nripa kāla*, *Śaka bhūpāla kāla*, *Śaka nripati samvatsara*, *Śaka nripa samvatsara*, *Śaka nripati rājyābhisheka samvatsara*, *Śaka kāla*, *Śaka samaya*, *Śaka varsha*, *Śakābda*, *Śakabda*, *Śaka vatsara*, *Śaka samvat*, *Śaka*, *Śaku*, *Śaki*, and lastly *Śālivāhana Śaka*. He states that the prefix *Śālivāhana* now used had not been in general use till the time of the Vijayanagar Kings (about 1336 A.D.), and that he has met with it in only one inscription of an earlier date, viz., 1272 A.D., at Thāna in the Bombay Presidency.

Col. 5. The *Āṇḍu* years obtain in the Malayāḷam Country and in the Tinnevelly District. In the former, they are known as *Kollam Āṇḍu*, and in the latter merely as *Āṇḍu*. The *Āṇḍu* commences in the South-Malayāḷam Country (Travancore and Cochin) and in the Tinnevelly District with *Chiṅgam* (*Āvaṇi*), *i.e.*, on the first day of the fifth month of the Solar Calendar (Tamiḷ), and in the North-Malayāḷam Country (British Malabar) with *Kanni*, *i.e.*, on the first day of the sixth month of the same Calendar. The *Āṇḍu* year is thus not synchronous with the Cyclic, *Kali* or *Śaka* year, and this column simply shows what *Āṇḍu* year commences in the Cyclic, *Kali* or *Śaka* year inserted in a line with it in Columns 2, 3 and 4. The English year in which the *Āṇḍu* year commences is the same as that inserted in a line with it in Column 8. *Āṇḍu* years would appear to have been originally reckoned in Cycles of 1,000 years each, and the second of them is stated to have expired in 825 A.D. However this may be, the current Cycle, which was begun in 825 A.D., has now been carried beyond the limit of 1,000 years, and it may be that this was done in ignorance of the above convention, if any such had existed. This table begins with *Āṇḍu* 177 of the so-called second of the passed Cycles.

Cols. 6 to 10. As the Solar and Luni-solar years are both found to commence in one and the same English year, Column 8 is in this table so inserted once for all as to apply to both. The initial date of a Solar year will thus be found in Columns 7 and 8, and that of a Luni-solar year in Columns 8 and 10; and the figures given in Columns 6 and 9 indicate the *feriæ* or days of the week answering to such initial dates, commencing with Sunday as 1. The figures within brackets in Columns 7 and 10 stand for the number of days from the beginning of the year to the dates respectively entered by their side. Leap-years in the English Calendar are indicated by an asterisk in Column 8, and Column 11 shows what Luni-solar years are Intercalary years.

Col. 11. The figures inserted in this column indicate the serial order of the month which is repeated in the Luni-solar Calendar by way of intercalation, and Part II of Table A gives the name answering to the number of such repeated month.

Note 1.—*A Luni-solar month is at times suppressed, and, wherever this occurs, it is shown in a foot-note.*

Note 2.—*The English dates entered in Columns 7 and 10 up to 20th March 1752 A.D. are Old Style dates. It must be remembered that Russia and Greece are the only Countries in Europe that still retain the Old Style, the rest having adopted the New Style, though from different dates.*

Caution.—*Note that Hindus, when using the* Kali *or* Śaka *year, generally mean the* EXPIRED *year, not that astronomically current; but, when they use the Cyclic year, they always mean the* CURRENT *year.*

Cyclic Year.		Concurrent Year.		Aṇḍu commencing in the Kali Yuga and Śaka Year.	Commencement					
					Of the Solar Year (Tamil).			Of the Luni-solar Year (Telugu).		
Serial Number.	Name.	Kali Yuga.	Śaka.		Ferial Number.	Date in the English Calendar.	English Year.	Ferial Number.	Date in the English Calendar.	Repeated Month.
1	2	3	4	5	6	7	8	9	10	11
55	*Durmati* ..	3103	..	177	2	13 March (72)	1	1	12 Feb. (43)	
56	*Dundubhi* ..	3104	..	178	4	14 March (73)	2	6	2 March (61)	
57	*Rudhirodgāri* ..	3105	..	179	5	14 March (73)	3	4	20 Feb. (51)	5
58	*Raktākshi* ..	3106	..	180	6	14 March (73)	4[1]	3	11 March (70)	
59	*Krodhana* ..	3107	..	181	0	14 March (73)	5	0	28 Feb. (59)	
60	*Kshaya* ..	3108	..	182	2	15 March (74)	6	4	17 Feb. (48)	4

[1] The year A.D. 4 was not a leap-year. "An error prevailed for 37 years after the death of Julius Cæsar from reckoning every third instead of every fourth year, a bissextile or leap-year, as if the year contained 365 days, 8 hours. When this mistake was detected, thirteen intercalations had occurred instead of ten, and the year consequently began three days too late. The calendar was, therefore, again corrected; and it was ordered that each of the ensuing twelve years should contain 365 days only, and that there should not be any Leap-year until A.U.C. 760, or A.D. 7" (Sir H. Nicholas, "*Chronology of History,*" p. 5).

Cyclic Year.		Concurrent Year.		Āndu commencing in the Kali Yuga and Śaka Year.	Commencement					
					Of the solar Year (Tamil).			Of the Luni-Solar Year (Telugu).		
Serial Number.	Name.	Kali Yuga.	Śaka.		Ferial Number.	Date in the English Calendar.	English Year.	Ferial Number.	Date in the English Calendar.	Repeated Month.
1	2	3	4	5	6	7	8	9	10	11
1	*Prabhava* ..	3109	..	183	3	15 March (74)	7	3	8 March (67)	
2	*Vibhava* ..	3110	..	184	4	14 March (74)	* 8	1	26 Feb. (57)	
3	*Śukla* ..	3111	..	185	5	14 March (73)	9	5	14 Feb. (45)	2
4	*Pramoda* * ..	3112	..	186	0	15 March (74)	10	4	5 March (64)	
5	*Prajāpati* † ..	3113	..	187	1	15 March (74)	11	1	22 Feb. (53)	6
6	*Āṅgirasa* ..	3114	..	188	2	14 March (74)	* 12	0	12 March (72)	
7	*Śrīmukha* ..	3115	..	189	3	14 March (73)	13	5	2 March (61)	
8	*Bhāva* ..	3116	..	190	5	15 March (74)	14	2	19 Feb. (50)	4
9	*Yuva* ..	3117	..	191	6	15 March (74)	15	1	10 March (69)	
10	*Dhātu* ‡ ..	3118	..	192	0	14 March (74)	* 16	5	27 Feb. (58)	
11	*Īśvara* ..	3119	..	193	1	14 March (73)	17	3	16 Feb. (47)	3
12	*Bahudhānya* ..	3120	..	194	3	15 March (74)	18	2	7 March (66)	
13	*Pramādi* § ..	3121	..	195	4	15 March (74)	19	6	24 Feb. (55)	~~6 & 12(a)~~ 7
14	*Vikrama* ..	3122	..	196	5	14 March (74)	* 20	5	14 March (74)	
15	*Vishu* ¶ ..	3123	..	197	6	14 March (73)	21	2	3 March (62)	
16	*Chitrabhānu* ..	3124	..	198	1	15 March (74)	22	0	21 Feb. (52)	5
17	*Svabhānu* ‖ ..	3125	..	199	2	15 March (74)	23	5	11 March (70)	
18	*Tāraṇa* ..	3126	..	200	3	14 March (74)	* 24	3	29 Feb. (60)	
19	*Pārthiva* ..	3127	..	201	4	14 March (73)	25	0	17 Feb. (48)	4
20	*Vyaya* ..	3128	..	202	6	15 March (74)	26	6	8 March (67)	
21	*Sarvajit* ..	3129	..	203	0	15 March (74)	27	3	25 Feb. (56)	
22	*Sarvadhāri* ..	3130	..	204	1	14 March (74)	* 28	1	15 Feb. (46)	2
23	*Virodhi* ..	3131	..	205	3	15 March (74)	29	0	5 March (64)	
24	*Vikṛiti* ** ..	3132	..	206	4	15 March (74)	30	4	22 Feb. (53)	6
25	*Khara* ..	3133	..	207	5	15 March (74)	31	3	13 March (72)	
26	*Nandana* ..	3134	..	208	6	14 March (74)	* 32	0	1 March (61)	
27	*Vijaya* ..	3135	..	209	1	15 March (74)	33	5	19 Feb. (50)	5
28	*Jaya* ..	3136	..	210	2	15 March (74)	34	4	10 March (69)	
29	*Manmatha* ..	3137	..	211	3	15 March (74)	35	1	27 Feb. (58)	
30	*Durmukhi* ..	3138	..	212	4	14 March (74)	* 36	5	16 Feb. (47)	2

* Pramodūta. ‡ (Dhātṛi ?). ¶ (Vṛishabha ?), Bhṛiśya. ** Vikṛita.
† Prajotpatti (?). § Pramāthin. ‖ Subhānu.

(a) Mārgaśira (9) is suppressed.

Cyclic Year: Serial Number.	Cyclic Year: Name.	Concurrent Year: Kali Yuga.	Concurrent Year: Śaka.	Āṇḍu commencing in the Kali Yuga and Śaka Year.	Commencement of the Solar Year (Tamil): Ferial Number.	Commencement of the Solar Year (Tamil): Date in the English Calendar.	Commencement of the Luni-solar Year (Telugu): English Year.	Commencement of the Luni-solar Year (Telugu): Ferial Number.	Commencement of the Luni-solar Year (Telugu): Date in the English Calendar.	Commencement of the Luni-solar Year (Telugu): Repeated Month.
1	2	3	4	5	6	7	8	9	10	11
31	*Hevilamba* * ..	3139	..	213	6	15 March (74)	**37**	4	6 March (65)	
32	*Vilambi* † ..	3140	..	214	0	15 March (74)	**38**	2	24 Feb. (55)	7
33	*Vikāri* ..	3141	..	215	1	15 March (74)	**39**	0	14 March (73)	
34	*Śarvari* ..	3142	..	216	2	14 March (74)	***40**	5	3 March (63)	
35	*Plava* ..	3143	..	217	4	15 March (74)	**41**	2	20 Feb. (51)	5
36	*Śubhakṛit* ..	3144	..	218	5	15 March (74)	**42**	1	11 March (70)	
37	*Śobhakṛit* ‡ ..	3145	..	219	6	15 March (74)	**43**	5	28 Feb. (59)	
38	*Krodhi* ..	3146	..	220	0	14 March (74)	***44**	3	18 Feb. (49)	3
39	*Viśvāvasu* ..	3147	..	221	2	15 March (74)	**45**	2	8 March (67)	
40	*Parābhava* ..	3148	..	222	3	15 March (74)	**46**	6	25 Feb. (56)	
41	*Plavaṅga* ..	3149	..	223	4	15 March (74)	**47**	3	14 Feb. (45)	2
42	*Kīlaka* ..	3150	..	224	5	14 March (74)	***48**	2	4 March (64)	
43	*Saumya* ..	3151	..	225	0	15 March (74)	**49**	0	22 Feb. (53)	6
44	*Sādhāraṇa* ..	3152	..	226	1	15 March (74)	**50**	6	13 March (72)	
45	*Virodhikṛit* § ..	3153	..	227	2	15 March (74)	**51**	3	2 March (61)	
46	*Paridhāvi* ..	3154	..	228	3	14 March (74)	***52**	0	19 Feb. (50)	4
47	*Pramādi* ¶ ..	3155	..	229	5	15 March (74)	**53**	6	9 March (68)	
48	*Ānanda* ..	3156	..	230	6	15 March (74)	**54**	4	27 Feb. (58)	
49	*Rākshasa* ..	3157	..	231	0	15 March (74)	**55**	1	16 Feb. (47)	3
50	*Nala* (*Anala* ?).	3158	..	232	2	15 March (75)	***56**	0	6 March (66)	
51	*Piṅgala* ..	3159	..	233	3	15 March (74)	**57**	4	23 Feb. (54)	7
52	*Kālayukta* ..	3160	..	234	4	15 March (74)	**58**	3	14 March (73)	
53	*Siddhārthi* ..	3161	..	235	5	15 March (74)	**59**	1	4 March (63)	
54	*Raudra, Raudri.*	3162	..	236	0	15 March (75)	***60**	5	21 Feb. (52)	5
55	*Durmati* ..	3163	..	237	1	15 March (74)	**61**	4	11 March (70)	
56	*Dundubhi* ..	3164	..	238	2	15 March (74)	**62**	1	28 Feb. (59)	
57	*Rudhirodgāri*. ..	3165	..	239	3	15 March (74)	**63**	6	18 Feb. (49)	3
58	*Raktākshi* ** ..	3166	..	240	5	15 March (75)	***64**	4	7 March (67)	
59	*Krodhana* ..	3167	..	241	6	15 March (74)	**65**	2	25 Feb. (56)	
60	*Kshaya* †† ..	3168	..	242	0	15 March (74)	**66**	6	14 Feb. (45)	2

* ~~Hevilambi,~~ Hemalamba, Hemalambi.
† Vilamba.
‡ Śobhana.
§ Virodhakṛit, Virodhyadikṛit.
¶ Pramadicha.
~~‖ Kālayukta.~~
** Raktaksha.
†† Akshaya.

Cyclic Year.		Concurrent Year.		Āṇḍu commencing in the Kali Yuga and Śaka Year.	Commencement					
					Of the Solar Year (Tamil).			Of the Luni-solar Year (Telugu).		
Serial Number.	Name.	Kali Yuga.	Śaka.		Ferial Number.	Date in the English Calendar.	English Year.	Ferial Number.	Date in the English Calendar.	Repeated Month.
1	2	3	4	5	6	7	8	9	10	11
1	*Prabhava* ..	3109	..	243	1	15 March (74)	67	5	5 March (64)	
2	*Vibhava* ..	3170	..	244	3	15 March (75)	* 68	2	22 Feb. (53)	6
3	*Śukla* ..	3171	..	245	4	15 March (74)	69	1	12 March (71)	
4	*Pramoda* * ..	3172	..	246	5	15 March (74)	70	6	2 March (61)	
5	*Prajāpati* † ..	3173	..	247	6	15 March (74)	71	3	19 Feb. (50)	4
6	*Āṅgirasa* ..	3174	..	248	1	15 March (75)	* 72	2	9 March (69)	
7	*Śrīmukha* ..	3175	..	249	2	15 March (74)	73	6	26 Feb. (57)	
8	*Bhāva* .	3176	..	250	3	15 March (74)	74	4	16 Feb. (47)	3
9	*Yuva* ..	3177	..	251	4	15 March (74)	75	3	7 March (66)	
10	*Dhātu* ‡ ..	3178	..	252	6	15 March (75)	* 76	0	24 Feb. (55)	7
11	*Īśvara* ..	3179	..	253	0	15 March (74)	77	6	14 March (73)	
12	*Bahudhānya* ..	3180	1	254	1	15 March (74)	78	3	3 March (62)	
13	*Pramādi* § ..	3181	2	255	2	15 March (74)	79	1	21 Feb. (52)	5
14	*Vikrama* ..	3182	3	256	4	15 March (75)	* 80	6	10 March (70)	
15	*Vishu* ¶ ..	3183	4	257	5	15 March (74)	81	4	28 Feb. (59)	
16	*Chitrabhānu* ..	3184	5	258	6	15 March (74)	82	1	17 Feb. (48)	3
17	*Svabhānu* ‖ ..	3185	6	259	0	15 March (74)	83	0	8 March (67)	
18	*Tāraṇa* ..	3186	7	260	2	15 March (75)	* 84	4	25 Feb. (56)	
19	*Pārthiva* ..	3187	8	261	3	15 March (74)	85	2	14 Feb. (45)	1
20	*Vyaya* ..	3188	9	262	4	15 March (74)	86	1	5 March (64)	
21	*Sarvajit* ..	3189	10	263	6	16 March (75)	87	5	22 Feb. (53)	6
22	*Sarvadhāri* ..	3190	11	264	0	15 March (75)	* 88	4	12 March (72)	
23	*Virodhi* ..	3101	12	265	1	15 March (74)	89	1	1 March (60)	
24	*Vikṛiti*** ..	3192	13	266	2	15 March (74)	90	6	19 Feb. (50)	4
25	*Khara* ..	3193	14	267	4	16 March (75)	91	5	10 March (69)	
26	*Nandana* ..	3194	15	268	5	15 March (75)	* 92	2	27 Feb. (58)	
27	*Vijaya* ..	3195	16	269	6	15 March (74)	93	6	15 Feb. (46)	2
28	*Jaya* ..	3196	17	270	0	15 March (74)	94	5	6 March (65)	
29	*Manmatha* ..	3197	18	271	2	16 March (75)	95	3	24 Feb. (55)	7
30	*Durmukhi* ..	3198	19	272	8	15 March (75)	* 96	2	14 March (74)	

* Pramodûta. † Prajotpatti (?). ‡ (Dhatri ?). § Pramâthin ¶ (Vrishabha ?) Bhṛiśya. ‖ Subhânu. ** Vikṛita.

Cyclic Year.		Concurrent Year.		Andu commencing in the Kali Yuga and Saka Year.	Commencement					
					Of the Solar Year (Tamil).			Of the Luni-solar Year (Telugu).		
Serial Number.	Name.	Kali Yuga.	Śaka.		Ferial Number.	Date in the English Calendar.	English Year.	Ferial Number.	Date in the English Calendar.	Repeated Month.
1	2	3	4	4	6	7	8	9	10	11
31	*Hevilamba* * ..	3199	20	273	4	15 March (74)	97	6	3 March (62)	
32	*Vilambi* † ..	3200	21	274	5	15 March (74)	98	3	20 Feb. (51)	5
33	*Vikāri* ..	3201	22	275	0	16 March (75)	99	2	11 March (70)	
34	*Śarvari* ..	3202	23	276	1	15 March (75)	* 100	0	29 Feb. (60)	
35	*Plava* ..	3203	24	277	2	15 March (74)	101	4	17 Feb. (48)	3
36	*Śubhakṛit* ..	3204	25	278	3	15 March (74)	102	3	8 March (67)	
37	*Śobhakṛit* ‡ ..	3205	26	279	5	16 March (75)	103	0	25 Feb. (56)	
38	*Krodhi* ..	3206	27	280	6	15 March (75)	* 104	5	15 Feb. (46)	1
39	*Viśvāvasu* ..	3207	28	281	0	15 March (74)	105	3	4 March (63)	
40	*Parābhava* ..	3208	29	282	1	15 March (74)	106	1	22 Feb. (53)	5
41	*Plavaṅga* ..	3209	30	283	3	16 March (75)	107	0	13 March (72)	
42	*Kīlaka* ..	3210	31	284	4	15 March (75)	* 108	4	1 March (61)	
43	*Saumya* ..	3211	32	285	5	15 March (74)	109	1	18 Feb. (49)	4
44	*Sādhāraṇa* ..	3212	33	286	6	15 March (74)	110	0	9 March (68)	
45	*Virodhikṛit* § ..	3213	34	287	1	16 March (75)	111	5	27 Feb. (58)	
46	*Paridhāvi* ..	3214	35	288	2	15 March (75)	* 112	2	16 Feb. (47)	2
47	*Pramādi* ¶ ..	3215	36	289	3	15 March (74)	113	1	6 March (65)	
48	*Ānanda* ..	3216	37	290	5	16 March (75)	114	5	23 Feb. (54)	7
49	*Rākshasa* ..	3217	38	291	6	16 March (75)	115	4	14 March (73)	
50	*Nala*, (*Anala* ?).	3218	39	292	0	15 March (75)	* 116	2	3 March (63)	
51	*Piṅgala* ..	3219	40	293	1	15 March (74)	117	6	20 Feb. (51)	5
52	*Kālayukta* ..	3220	41	294	3	16 March (75)	118	5	11 March (70)	
53	*Siddhārthi* ..	3221	42	295	4	16 March (75)	119	2	28 Feb. (59)	
54	*Raudra, Raudri.*	3222	43	296	5	15 March (75)	* 120	0	18 Feb. (49)	3
55	*Durmati* ..	3223	44	297	6	15 March (74)	121	5	7 March (66)	
56	*Dundubhi* ..	3224	45	298	1	16 March (75)	122	3	25 Feb. (56)	
57	*Rudhirodgāri* ..	3225	46	299	2	16 March (75)	123	0	14 Feb. (45)	1
58	*Raktākshi* ** ..	3226	47	300	3	15 March (75)	* 124	6	4 March (64)	
59	*Krodhana* ..	3227	41	301	4	15 March (74)	125	3	21 Feb. (52)	5
60	*Kshaya* †† ..	3228	49	302	6	16 March (75)	126	2.	12 March (71)	

* ~~Hevilambi,~~ Hemalamba, Hemalambi.
† Vilamba.
‡ Śobhana.
§ Virodhakṛit, Virodhyadikṛit.
¶ Pramādicha.
~~‖ [illegible]~~.
** Raktāksha.
†† Akshaya.

Cyclic Year.		Concurrent Year.		Aṇḍu commencing in the Kali Yuga and Śaka Year.	Commencement					
					Of the Solar Year (Tamiḻ).			Of the Luni-solar Year (Telugu).		
Serial Number.	Name.	Kali Yuga.	Śaka.		Ferial Number.	Date in the English Calendar.	English Year.	Ferial Number.	Date in the English Calendar.	Repeated Month.
1	2	3	4	5	6	7	8	9	10	11
1	*Prabhàva* ..	3229	50	303	0	16 March (75)	**127**	0	2 March (61)	
2	*Vibhava* ..	3230	51	304	1	15 March (75)	* **128**	4	19 Feb. (50)	4
3	*Śukla* ..	3231	52	305	2	15 March (74)	**129**	3	9 March (68)	
4	*Pramoda* * ..	3232	53	306	4	16 March (75)	**130**	0	26 Feb. (57)	
5	*Prajāpati* † ..	3233	54	307	5	16 March (75)	**131**	5	16 Feb. (47)	2
6	*Āṅgirasa* ..	3234	55	308	6	15 March (75)	* **132**	4	6 March (66)	
7	*Śrīmukha* ..	3235	56	309	0	15 March (74)	**133**	1	23 Feb. (54)	6
8	*Bhāva* ..	3236	57	310	2	16 March (75)	**134**	0	14 March (73)	
9	*Yuva* ..	3237	58	311	3	16 March (75)	**135**	4	3 March (62)	
10	*Dhātu* ‡ ..	3238	59	312	4	15 March (75)	* **136**	2	21 Feb. (52)	5
11	*Īśvara* ..	3239	60	313	5	15 March (74)	**137**	1	11 March (70)	
12	*Bahudhānya* ..	3240	61	314	0	16 March (75)	**138**	5	28 Feb. (59)	
13	*Pramādi* ..	3241	62	315	1	16 March (75)	**139**	2	17 Feb. (48)	3
14	*Vikrama* ..	3242	63	316	2	15 March (75)	* **140**	1	7 March (67)	
15	*Vishu* ¶ ..	3243	64	317	3	15 March (74)	**141**	6	25 Feb. (56)	8(a)
16	*Chitrabhānu* ..	3244	65	318	5	16 March (75)	**142**	3	14 Feb. (45)	1
17	*Svabhānu* ‖ ..	3245	66	319	6	16 March (75)	**143**	2	5 March (64)	
18	*Tāraṇa* ..	3246	67	320	0	15 March (75)	* **144**	6	22 Feb. (53)	5
19	*Pārthiva* ..	3247	68	321	2	16 March (75)	**145**	5	12 March (71)	
20	*Vyaya* ..	3248	69	322	3	16 March (75)	**146**	2	1 March (60)	
21	*Sarvajit* ..	3249	70	323	4	16 March (75)	**147**	0	19 Feb. (50)	4
22	*Sarvadhāri* ..	3250	71	324	5	15 March (75)	* **148**	6	9 March (69)	
23	*Virodhi* ..	3251	72	325	0	16 March (75)	**149**	3	26 Feb. (57)	
24	*Vikṛiti* ** ..	3252	73	326	1	16 March (75)	**150**	0	15 Feb. (46)	2
25	*Khara* ..	3253	74	327	2	16 March (75)	**151**	6	6 March (65)	
26	*Nandana* ..	3254	75	328	3	15 March (75)	* **152**	4	24 Feb. (55)	6
27	*Vijaya* ..	3255	76	329	5	16 March (75)	**153**	3	14 March (73)	
28	*Jaya* ..	3256	77	330	6	16 March (75)	**154**	0	3 March (62)	
29	*Manmatha* ..	3257	78	331	0	16 March (75)	**155**	4	20 Feb. (51)	4
30	*Durmukhi* ..	3258	79	332	1	15 March (75)	* **156**	3	10 March (70)	

* Pramodota. † Prajotpatti (?). ‡ (Dhatri ?). § Pramāthin. ¶ (Vrishabha ?) Bhriśya. ‖ Subhānu. ** Vikṛita.

(a) Pushya (10) is suppressed.

Cyclic Year.		Concurrent Year.		Ayaṇa commencing in the Kali Yuga and Śaka Year.	Commencement.					
					Of the solar Year (Tamil).			Of the Luni-solar Year (Telugu).		
Serial Number.	Name.	Kali Yuga.	Śaka.		Ferial Number.	Date in the English Calendar.	English Year.	Ferial Number.	Date in the English Calendar.	Repeated Month.
1	2	3	4	5	6	7	8	9	10	11
31	*Hevilamba* * ..	3259	80	333	3	16 March (75)	157	1	28 Feb. (59)	
32	*Vilambi* † ..	3260	81	334	4	16 March (75)	158	5	17 Feb. (48)	3
33	*Vikâri* ..	3261	82	335	5	16 March (75)	159	4	8 March (67)	
34	*Śarvari* ..	3262	83	336	6	15 March (75)	* 160	1	25 Feb. (56)	8 (a)
35	*Plava* ..	3263	84	337	1	16 March (75)	161	6	14 Feb. (45)	1
36	*Śubhakṛit* ..	3264	85	338	2	16 March (75)	162	4	4 March (63)	
37	*Śobhakṛit* ‡ ..	3265	86	339	3	16 March (75)	163	2	22 Feb. (53)	5
38	*Krodhi* ..	3266	87	340	4	15 March (75)	* 164	1	12 March (72)	
39	*Viśvâvasu* ..	3267	88	341	6	16 March (75)	165	5	1 March (60)	
40	*Parâbhava* ..	3268	89	342	0	16 March (75)	166	2	18 Feb. (49)	4
41	*Plavaṅga* ..	3269	90	343	1	16 March (75)	167	1	9 March (68)	
42	*Kîlaka* ..	3270	91	344	2	15 March (75)	* 168	6	27 Feb. (58)	
43	*Saumya* ..	3271	92	345	4	16 March (75)	169	3	15 Feb. (46)	2
44	*Sâdhâraṇa* ..	3272	93	346	5	16 March (75)	·170	2	6 March (65)	
45	*Virodhikṛit* § ..	3273	94	347	6	16 March (75)	171	6	23 Feb. (54)	6
46	*Paridhâvi* ..	3274	95	348	1	16 March (76)	* 172	5	13 March (73)	
47	*Pramâdi* ¶ ..	3275	96	349	2	16 March (75)	173	3	3 March (62)	
48	*Ânanda* ..	3276	97	350	3	16 March (75)	174	1	21 Feb. (52)	5
49	*Râkshasa* ..	3277	98	351	4	16 March (75)	175	6	11 March (70)	
50	*Nala* (*Anala*?) .	3278	99	352	6	16 March (76)	* 176	3	28 Feb. (59)	
51	*Piṅgala* ..	3279	100	353	0	16 March (75)	177	1	17 Feb. (48)	3
52	*Kâlayukta* ‖ ..	3280	101	354	1	16 March (75)	178	0	8 March (67)	
53	*Siddhârthi* ..	3281	102	355	2	16 March (75)	179	4	25 Feb. (56)	8
54	*Raudra Raudri*.	3282	103	356	4	16 March (76)	* 180	3	15 March (75)	
55	*Durmati* ..	3283	104	357	5	16 March (75)	181	0	4 March (63)	
56	*Dundubhi* ..	3284	105	358	6	16 March (75)	182	5	22 Feb. (53)	5
57	*Rudhirodgâri* ..	3285	106	359	0	16 March (75)	183	3	12 March (71)	
58	*Raktâkshi* ** ..	3286	107	360	2	16 March (76)	* 184	1	1 March (61)	
59	*Krodhana* ..	3287	108	361	3	16 March (75)	185	5	18 Feb. (49)	4
60	*Kshaya* †† ..	3288	109	362	4	16 March (75)	186	4	9 March (68)	

* ~~Hevilambi,~~ Hemalamba, Hemalambi.
† Vilamba.
‡ Śobhana.
§ Viredhakṛit, Virodhyâdikṛit.
¶ Pramâdicha.
~~‖ Kâlayukta~~
** Raktaksha.
†† Akshaya.

(a) Pushya (10) is suppressed.

Cyclic Year.		Concurrent Year.		Āndu commencing in the Kali Yuga and Śaka Year.	Commencement					
					Solar Year (Tamiḷ).			Of the Luni-solar Year (Telugu).		
Serial Number.	Name.	Kali Yuga.	Śaka.		Ferial Number.	Date in the English Calendar.	English Year.	Ferial Number.	Date in the English Calendar.	Repeated Month.
1	2	3	4	5	6	7	8	9	10	11
1	*Prabhava* ..	3289	110	363	5	16 March (75)	**187**	1	26 Feb. (57)	
2	*Vibhava* ..	3290	111	364	0	16 March (76)	***188**	6	16 Feb. (47)	1
3	*Śukla* ..	3291	112	365	1	16 March (75)	**189**	5	6 March (65)	
4	*Pramoda* * ..	3292	113	366	2	16 March (75)	**190**	2	23 Feb. (54)	6
5	*Prajāpati* † ..	3293	114	367	3	16 March (75)	**191**	1	14 March (73)	
6	*Āṅgirasa* .	3294	115	368	5	16 March (76)	***192**	5	2 March (62)	
7	*Śrīmukha* ..	3295	116	369	6	16 March (75)	**193**	3	20 Feb. (51)	4
8	*Bhāva* ..	3296	117	370	0	16 March (75)	**194**	2	11 March (70)	
9	*Yuva* ..	3297	118	371	1	16 March (75)	**195**	6	28 Feb. (59)	
10	*Dhātu* ‡ ..	3298	119	372	3	16 March (76)	***196**	3	17 Feb. (48)	2
11	*Īśvara* ..	3299	120	373	4	16 March (75)	**197**	2	7 March (66)	
12	*Bahudhānya* ..	3300	121	374	5	16 March (75)	**198**	0	25 Feb. (56)	7
13	*Pramādi* § ..	3301	122	375	6	16 March (75)	**199**	6	16 March (75)	
14	*Vikrama* ..	3302	123	376	1	16 March (76)	***200**	3	4 March (64)	
15	*Vishu* ¶ ..	3303	124	377	2	16 March (75)	**201**	0	21 Feb. (52)	5
16	*Chitrabhānu* ..	3304	125	378	3	16 March (75)	**202**	6	12 March (71)	
17	*Svabhānu* ‖ ..	3305	126	379	5	17 March (76)	**203**	4	2 March (61)	
18	*Tāraṇa* ..	3306	127	380	6	16 March (76)	***204**	1	19 Feb. (50)	3
19	*Pārthiva* ..	3307	128	381	0	16 March (75)	**205**	0	9 March (68)	
20	*Vyaya* ..	3308	129	382	1	16 March (75)	**206**	4	26 Feb. (57)	
21	*Sarvajit* ..	3309	130	383	3	17 March (76)	**207**	2	16 Feb. (47)	1
22	*Sarvadhāri* ..	3310	131	384	4	16 March (76)	***208**	0	5 March (65)	
23	*Virodhi* ..	3311	132	385	5	16 March (75)	**209**	5	23 Feb. (54)	6
24	*Vikṛiti*** ..	3312	133	386	6	16 March (75)	**210**	4	14 March (73)	
25	*Khara* ..	3313	134	387	1	17 March (76)	**211**	1	3 March (62)	
26	*Nandana* ..	3314	135	388	2	16 March (76)	***212**	5	20 Feb. (51)	4
27	*Vijaya* ..	3315	136	389	3	16 March (75)	**213**	4	10 March (69)	
28	*Jaya* ..	3316	137	390	4	16 March (75)	**214**	2	28 Feb. (59)	
29	*Manmatha* ..	3317	138	391	6	17 March (76)	**215**	6	17 Feb. (48)	2
30	*Durmukhi* ..	3318	139	392	0	16 March (76)	***216**	5	7 March (67)	

* Pramodūta.
† Prajotpatti (?).
‡ (Dhatri ?).
§ Pramāthin.
¶ (Vrishabha ?), Bhṛiśya.
‖ Subhānu.
** Vikṛita.

Cyclic Year.		Concurrent Year.		Āndu commencing in the Kali Yuga and Śaka Year.	Commencement					
					Of the Solar Year (Tamil).			Of the Luni-solar Year (Telugu).		
Serial Number.	Name.	Kali Yuga.	Śaka.		Ferial Number.	Date in the English Calendar.	English Year.	Ferial Number.	Date in the English Calendar.	Repeated Month.
1	2	3	4	5	6	7	8	9	10	11
31	*Hevilamba* * ..	3319	140	393	1	16 March (75)	**217**	2	24 Feb. (55)	6
32	*Vilambi* † ..	3320	141	394	2	16 March (75)	**218**	1	15 March (74)	
33	*Vikāri* ..	3321	142	395	4	17 March (76)	**219**	6	5 March (64)	
34	*Śarvari* ..	3322	143	396	5	16 March (76)	* **220**	3	22 Feb. (53)	5
35	*Plava* ..	3323	144	397	6	16 March (75)	**221**	2	12 March (71)	
36	*Śubhakṛit* ..	3324	145	398	0	16 March (75)	**222**	6	1 March (60)	
37	*Śobhakṛit* ‡ ..	3325	146	399	2	17 March (76)	**223**	4	19 Feb. (50)	3
38	*Krodhi* ..	3326	147	400	3	16 March (76)	* **224**	2	8 March (68)	
39	*Viśvāvasu* ..	3327	148	401	4	16 March (75)	**225**	0	26 Feb. (57)	
40	*Parābhava* ..	3328	149	402	5	16 March (75)	**226**	4	15 Feb (46)	2
41	*Plavaṅga* ..	3329	150	403	0	17 March (76)	**227**	3	6 March (65)	
42	*Kīlaka* ..	3330	151	404	1	16 March (76)	* **228**	0	23 Feb. (54)	6
43	*Saumya* ..	3331	152	405	2	16 March (75)	**229**	6	13 March (72)	
44	*Sādhāraṇa* ..	3332	153	406	4	17 March (76)	**230**	4	3 March (62)	
45	*Virodhikṛit* § ..	3333	154	407	5	17 March (76)	**231**	1	20 Feb. (51)	4
46	*Paridhāvi* ..	3334	155	408	6	16 March (76)	* **232**	0	10 March (70)	
47	*Pramādi* ¶ ..	3335	156	409	0	16 March (75)	**233**	4	27 Feb. (58)	
48	*Ānanda* ..	3336	157	410	2	17 March (76)	**234**	2	17 Feb. (48)	3
49	*Rākshasa* ..	3337	158	411	3	17 March (76)	**235**	1	8 March (67)	
50	*Nala* (*Anala* ?) ..	3338	159	412	4	16 March (76)	* **236**	5	25 Feb. (56)	6
51	*Piṅgala* ..	3339	160	413	5	16 March (75)	**237**	4	15 March (74)	
52	*Kālayukta* ..	3340	161	414	0	17 March (76)	**238**	1	4 March (63)	
53	*Siddhārthi* ..	3341	162	415	1	17 March (76)	**239**	6	22 Feb. (53)	5
54	*Raudra, Raudri.*	3342	163	416	2	16 March (76)	* **240**	5	12 March (72)	
55	*Durmati* ..	3343	164	417	3	16 March (75)	**241**	2	1 March (60)	
56	*Dundubhi* ..	3344	165	418	5	17 March (76)	**242**	6	18 Feb. (49)	3
57	*Rudhirodgāri* ..	3345	166	419	6	17 March (76)	**243**	5	9 March (68)	
58	*Raktākshi*** ..	3346	167	420	0	16 March (76)	* **244**	3	27 Feb. (58)	
59	*Krodhana* ..	3347	168	421	1	16 March (75)	**245**	0	15 Feb. (46)	1
60	*Kshaya* †† ..	3348	169	422	3	17 March (76)	**246**	6	6 March (65)	

* ~~Hevilambi,~~ Hemalamba, Hemalambi.
† Vilamba.
‡ Śobhana.
§ Virodhakṛit, Virodhyādikṛit.
¶ Pramādicha.
~~‖ [illegible]~~
** Raktaksha.
†† Akshaya.

Cyclic Year.		Concurrent Year.		Âṇḍu commencing in the Kali Yuga and Śaka Year.	Commencement					
					Of the Solar Year (Tamil).			Of the Luni-solar Year (Telugu).		
Serial Number.	Name.	Kali Yuga.	Śaka.		Ferial Number.	Date in the English Calendar.	English Year.	Ferial Number.	Date in the English Calendar.	Repeated Month.
1	2	3	4	5	6	7	8	9	10	11
1	*Prabhava* ..	3349	170	423	4	17 March (76)	**247**	3	23 Feb. (54)	6
2	*Vibhava* ..	3350	171	424	5	16 March (76)	*** 248**	2	13 March (73)	
3	*Śukla* ..	3351	172	425	6	16 March (75)	**249**	6	2 March (61)	
4	*Pramoda* * ..	3352	173	426	1	17 March (76)	**250**	4	20 Feb. (51)	4
5	*Prajāpati* † ..	3353	774	427	2	17 March (76)	251	3	11 March (70)	
6	*Āṅgirasa* ..	3354	175	428	3	16 March (76)	*** 252**	0	28 Feb. (59)	
7	*Śrīmukha* ..	3355	176	429	4	16 March (75)	**253**	4	16 Feb. (47)	2
8	*Bhāva* ..	3356	177	430	6	17 March (76)	**254**	3	7 March (66)	
9	*Yuva* ..	3357	178	431	0	17 March (76)	**255**	1	25 Feb. (56)	7
10	*Dhātu* ‡ ..	3358	179	432	1	16 March (76)	*** 256**	0	15 March (75)	
11	*Īśvara* ..	3359	180	433	3	17 March (76)	**257**	4	4 March (63)	
12	*Bahudhānya* ..	3360	181	484	4	17 March (76)	**258**	1	21 Feb. (52)	4
13	*Pramādi* § ..	3361	182	435	5	17 March (76)	**259**	0	12 March (71)	
14	*Vikrama* ..	3362	183	436	6	16 March (76)	*** 260**	5	1 March (61)	
15	*Vishu* ¶ ..	3363	184	437	1	17 March (76)	**261**	2	18 Feb. (49)	3
16	*Chitrabhānu* ..	3364	185	438	2	17 March (76)	**262**	1	9 March (68)	
17	*Svabhānu* ‖ ..	3365	186	439	3	17 March (76)	**263**	5	26 Feb. (57)	8 (a)
18	*Tāraṇa* ..	3366	187	440	4	16 March (76)	*** 264**	3	16 Feb. (47)	1
19	*Pārthiva* ..	3367	188	441	6	17 March (76)	**265**	1	5 March (64)	
20	*Vyaya* ..	3368	169	442	0	17 March (76)	**266**	6	23 Feb. (54)	5
21	*Sarvajit* ..	3369	190	443	1	17 March (76)	**267**	5	14 March (73)	
22	*Sarvadhāri* ..	3370	191	444	2	16 March (76)	*** 268**	2	2 March (62)	
23	*Virodhi* ..	3371	192	445	4	17 March (76	**269**	6	19 Feb. (50)	4
24	*Vikṛiti* ** ..	3372	193	446	5	17 March (76)	**270**	5	10 March (69)	
25	*Khara* ..	3373	194	447	6	17 March (76)	**271**	3	28 Feb. (59)	
26	*Nandana* ..	3374	195	448	0	16 March (76)	*** 272**	0	17 Feb. (48)	2
27	*Vijaya* ..	3375	196	449	2	17 March (76)	**273**	6	7 March (66)	
28	*Jaya* ..	3376	197	450	3	17 March (76)	**274**	3	24 Feb. (55)	7
29	*Manmatha* ..	3377	198	451	4	17 March (76)	**275**	2	15 March (74)	
30	*Durmukhi* ..	3378	199	452	5	16 March (76)	*** 276**	0	4 March (64)	

* Pramodūta. † Prajotpatti (?). ‡ (Dhātri ?). § Pramāthin. ¶ (Vrishabha ?), Bhṛiśya. ‖ Subhānu. ** Vikṛita.

(a) Mārgaśira (9) is suppressed.

Cyclic Year.		Concurrent Year.		Āṇḍu commencing in the Kali Yuga and Śaka Year.	Commencement					
					Of the Solar Year (Tamil).		Of the Luni-solar Year (Telugu).			
Serial Number.	Name.	Kali Yuga.	Śaka.		Ferial Number.	Date in the English Calendar.	English Year.	Ferial Number.	Date in the English Calendar.	Repeated Month.
1	2	3	4	5	6	7	8	9	10	11
31	*Hevilamba* * ..	3379	200	453	0	17 March (76)	**277**	4	21 Feb. (52)	4
32	*Vilambi* † ..	3380	201	454	1	17 March (76)	**278**	3	12 March (71)	
33	*Vikāri* ..	3381	202	455	2	17 March (76)	**279**	0	1 March (60)	
34	*Śarvari* ..	3382	203	456	3	16 March (76)	* **280**	5	19 Feb. (50)	3
35	*Plava* ..	3383	204	457	5	17 March (76)	**281**	4	9 March (68)	
36	*Śubhakṛit* ..	3384	205	458	6	17 March (76)	**282**	1	26 Feb. (57)	8 (a) & 12
37	*Śobhakṛit* ‡ ..	3385	206	459	0	17 March (76)	**283**	0	17 March (76)	
38	*Krodhi* ..	3386	207	460	1	16 March (76)	* **284**	4	5 March (65)	
39	*Viśvāvasu* ..	3387	208	461	3	17 March (76)	**285**	2	23 Feb. (54)	5
40	*Parābhava* ..	3388	209	462	4	17 March (76)	**286**	0	13 March (72)	
41	*Plavaṅga* ..	3389	210	463	5	17 March (76)	**287**	5	3 March (62)	
42	*Kīlaka* ..	3390	211	464	0	17 March (77)	* **288**	2	20 Feb. (51)	4
43	*Saumya* ..	3391	212	465	1	17 March (76)	**289**	1	10 March (69)	
44	*Sādhāraṇa* ..	3392	213	466	2	17 March (76)	**290**	5	27 Feb. (58)	
45	*Virodhikṛit* § ..	3393	214	467	3	17 March (76)	**291**	3	17 Feb (48)	2
46	*Paridhāvi* ..	3394	215	468	5	17 March (77)	* **292**	2	7 March (67)	
47	*Pramādi* ¶ ..	3395	216	469	6	17 March (76)	**293**	6	24 Feb. (55)	6
48	*Ānanda* ..	3396	217	470	0	17 March (76)	**294**	5	15 March (74)	
49	*Rākshasa* ..	3397	218	471	1	17 March (76)	**295**	2	4 March (63)	
50	*Nala Anala?)* ..	3398	219	472	3	17 March (77)	* **296**	0	22 Feb. (53)	4
51	*Piṅgala* ..	3399	220	473	4	17 March (76)	**297**	6	12 March (71)	
52	*Kālayuktā* ‖ ..	3400	221	474	5	17 March (76)	**298**	3	1 March (60)	
53	*Siddhārthi* ..	3401	222	475	6	17 March (76)	**299**	0	18 Feb. (49)	3
54	*Raudra, Raudri.*	3402	223	476	1	17 March (77)	* **300**	6	8 March (68)	
55	*Durmati* ..	3403	224	477	2	17 March (76)	**301**	4	26 Feb. (57)	7
56	*Dundubhi* ..	3404	225	478	3	17 March (76)	**302**	2	16 March (75)	
57	*Rudhirodgāri* ..	3405	226	479	4	17 March (76)	**303**	0	6 March (65)	
58	*Raktākshi* ** ..	3406	227	480	6	17 March (77)	* **304**	4	23 Feb. (54)	5
59	*Krodhana* ..	3407	228	481	0	17 March (76)	**305**	3	13 March (72)	
60	*Kshaya* †† ..	3408	229	482	1	17 March (76)	**306**	0	2 March (61)	

* ~~Hevilambi,~~ Hemalamba, Hemalambi.
† Vilamba.
‡ Śobhana.
§ Virodhakṛit, Virodhyadikṛit.
¶ Pramadicha.
~~‖ Kālayukta.~~
** Raktaksha.
†† Akshaya.

(a) Margaśira (9) is suppressed.

6

Cyclic Year.		Concurrent Year.		Āṇḍu commencing in the Kali Yuga and Śaka Year.	Commencement					
					Of the Solar Year (Tamiḻ).			Of the Luni-solar Year (Telugu).		
Serial Number.	Name.	Kali Yuga.	Śaka.		Ferial Number.	Date in the English Calendar.	English Year.	Ferial Number.	Date in the English Calendar.	Repeated Month.
1	2	3	4	5	6	7	8	9	10	11
1	*Prabhava* ..	3409	230	483	2	17 March (76)	**307**	5	20 Feb. (51)	3
2	*Vibhava* ..	3410	231	484	4	17 March (77)	* **308**	4	10 March (70)	
3	*Śukla* ..	3411	232	485	5	17 March (76)	**309**	1	27 Feb. (58)	
4	*Pramoda* * ..	3412	233	486	6	17 March (76)	**310**	5	16 Feb. (47)	2
5	*Prajāpati* † ..	3413	234	487	0	17 March (76)	**311**	4	7 March (66)	
6	*Āṅgirasa* ..	3414	235	488	2	17 March (77)	* **312**	2	25 Feb. (56)	6
7	*Śrīmukha* ..	3415	236	489	3	17 March (76)	**313**	1	15 March (74)	
8	*Bhāva* ..	3416	237	490	4	17 March (76)	**314**	5	4 March (63)	
9	*Yuva* ..	3417	238	491	6	18 March (77)	**315**	2	21 Feb. (52)	4
10	*Dhātu* ‡ ..	3418	239	492	0	17 March (77)	* **316**	1	11 March (71)	
11	*Īśvara* ..	3419	240	493	1	17 March (76)	**317**	6	1 March (60)	
12	*Bahudhānya* ..	3420	241	494	2	17 March (76)	**318**	3	18 Feb. (49)	3
13	*Pramādi* § ..	3421	242	495	4	18 March (77)	**319**	2	9 March (68)	
14	*Vikrama* ..	3422	243	496	5	17 March (77)	* **320**	6	26 Feb. (57)	7
15	*Vishu* ¶ ..	3423	244	497	6	17 March (76)	**321**	5	16 March (75)	
16	*Chitrabhānu* ..	3424	245	498	0	17 March (76)	**322**	3	6 March (65)	
17	*Svabhānu* ‖ ..	3425	246	499	2	18 March (77)	**323**	0	23 Feb. (54)	5
18	*Tāraṇa* ..	3426	247	500	3	17 March (77)	* **324**	6	13 March (73)	
19	*Pārthiva* ..	3427	248	501	4	17 March (76)	**325**	3	2 March (61)	
20	*Vyaya* ..	3428	249	502	5	17 March (76)	**326**	1	20 Feb. (51)	3
21	*Sarvajit* ..	3429	250	503	0	18 March (77)	**327**	6	10 March (69)	
22	*Sarvadhāri* ..	3430	251	504	1	17 March (77)	* **328**	4	28 Feb. (59)	
23	*Virodhi* ..	3431	252	505	2	17 March (76)	**329**	1	16 Feb. (47)	2
24	*Vikṛiti* ** ..	3432	253	506	3	17 March (76)	**330**	0	7 March (66)	
25	*Khara* ..	3433	254	507	5	18 March (77)	**331**	4	24 Feb. (55)	6
26	*Nandana* ..	3434	255	508	6	17 March (77)	* **332**	3	14 March (74)	
27	*Vijaya* ..	3435	256	509	0	17 March (76)	**333**	1	4 March (63)	
28	*Jaya* ..	3436	257	510	1	17 March (76)	**334**	5	21 Feb. (52)	4
29	*Manmatha* ..	3437	258	511	3	18 March (77)	**335**	4	12 March (71)	
30	*Durmukhi* ..	3438	259	512	4	17 March (77)	* **336**	1	29 Feb. (60)	

* Pramodūta.
† Prajotpatti (?).
‡ (Dhātri?).
§ Pramāthin.
¶ (Vṛishabha?) Dhṛiśya.
‖ Subhānu.
** Vikṛita.

Cyclic Year.		Concurrent Year.		Āyḍu commencing in the Kali Yuga and Śaka Year.	Commencement					
					Of the Solar Year (Tamiḻ).		Of the Luni-solar Year (Telugu).			
Serial Number.	Name.	Kali Yuga.	Śaka.		Ferial Number.	Date in the English Calendar.	English Year.	Ferial Number.	Date in the English Calendar.	Repeated Month.
1	2	3	4	5	6	7	8	9	10	11
31	*Hevilamba* * ..	3439	260	513	5	17 March (76)	**337**	6	18 Feb. (49)	3
32	*Vilambi* † ..	3440	261	514	6	17 March (76)	**338**	5	9 March (68)	
33	*Vikāri* ..	3441	262	515	1	18 March (77)	**339**	2	26 Feb. (57)	7
34	*Śarvari* ..	3442	263	516	2	17 March (77)	* **340**	1	16 March (76)	
35	*Plava* ..	3443	264	517	3	17 March (76)	**341**	5	5 March (64)	
36	*Śubhakṛit* ..	3444	265	518	4	17 March (76)	**342**	3	23 Feb. (54)	5
37	*Śobhakṛit* ‡ ..	3445	266	519	6	18 March (77)	**343**	1	13 March (72)	
38	*Krodhi* ..	3446	267	520	0	17 March (77)	* **344**	6	2 March (62)	
39	*Viśrāvasu* ..	3447	268	521	1	17 March (76)	**345**	3	19 Feb. (50)	3
40	*Parābhava* ..	3448	269	522	3	18 March (77)	**346**	2	10 March (69)	
41	*Plavaṅga* ..	3449	270	523	4	18 March (77)	**347**	6	27 Feb. (58)	
42	*Kīlaka* ..	3450	271	524	5	17 March (77)	* **348**	4	17 Feb. (48)	1
43	*Saumya* ..	3451	272	525	6	17 March (76)	**349**	3	7 March (66)	
44	*Sādhāraṇa* ..	3452	273	526	1	18 March (77)	**350**	0	24 Feb. (55)	6
45	*Virodhikṛit* § ..	3453	274	527	2	18 March (77)	**351**	6	15 March (74)	
46	*Paridhāvi* ..	3454	275	528	3	17 March (77)	* **352**	3	3 March (63)	
47	*Pramādi* ¶ ..	3455	276	529	4	17 March (76)	**353**	1	21 Feb. (52)	4
48	*Ānanda* ..	3456	277	530	6	18 March (77)	**354**	0	12 March (71)	
49	*Rākshasa* ..	3457	278	531	0	18 March (77)	**355**	4	1 March (60)	
50	*Nala* (*Anala*?) ..	3458	279	532	1	17 March (77)	* **356**	1	18 Feb. (49)	2
51	*Piṅgala* ..	3459	280	533	2	17 March (76)	**357**	0	8 March (67)	
52	*Kālayukta* ..	3460	281	534	4	18 March (77)	**358**	5	26 Feb. (57)	7
53	*Siddhārthi* ..	3461	282	535	5	18 March (77)	**359**	4	17 March (76)	
54	*Raudra, Raudri.*	3462	283	536	6	17 March (77)	* **360**	1	5 March (65)	
55	*Durmati* ..	3463	284	537	0	17 March (76)	**361**	5	22 Feb. (53)	5
56	*Dundubhi* ..	3464	285	538	2	18 March (77)	**362**	4	13 March (72)	
57	*Rudhirodgāri* ..	3465	286	539	3	18 March (77)	**363**	2	3 March (62)	
58	*Raktākshi* ** ..	3466	287	540	4	17 March (77)	* **364**	6	20 Feb. (51)	3
59	*Krodhana* ..	3467	288	541	5	17 March (76)	**365**	5	10 March (69)	
60	*Kshaya* †† ..	3468	289	542	0	18 March (77)	**366**	2	27 Feb. (58)	8 (a)

* ~~Hevilambi,~~ Homalamba, Homalambi.
† Vilamba.
‡ Śobhana.
§ Virodhakṛit, Virodhyadikrit.
¶ Pramadicha. ~~Kalayukta~~
** Raktāksha.
†† Akshaya.
(a) Mārgaśira (9) is suppressed.

Cyclic Year.		Concurrent Year.		Āndu commencing in the Kali Yuga and Śaka Year.	Commencement					
					Of the solar Year (Tamil).			Of the Luni-Solar Year (Telugu).		
Serial Number.	Name.	Kali Yuga.	Śaka.		Ferial Number.	Date in the English Calendar.	English Year.	Ferial Number.	Date in the English Calendar.	Repeated Month.
1	2	3	4	5	6	7	8	9	10	11
1	*Prabhava* ..	3469	290	543	1	18 March (77)	**367**	0	17 Feb. (48)	1
2	*Vibhava* ..	3470	291	544	2	17 March (77)	*** 368**	5	6 March (66)	
3	*Śukla* ..	3471	292	545	3	17 March (76)	**369**	3	24 Feb. (55)	5
4	*Pramoda* * ..	3472	293	546	5	18 March (77)	**370**	2	15 March (74)	
5	*Prajāpati* † ..	3473	294	547	6	18 March (77)	**371**	6	4 March (63)	
6	*Āṅgirasa* ..	3474	295	548	0	17 March (77)	*** 372**	3	21 Feb. (52)	4
7	*Śrīmukha* ..	3475	296	549	2	18 March (77)	**373**	2	11 March (70)	
8	*Bhāra* ..	3476	297	550	3	18 March (77)	**374**	0	1 March (60)	
9	*Yuva* ..	3477	298	551	4	18 March (77)	**375**	4	18 Feb. (49)	2
10	*Dhātu* ‡ ..	3478	299	552	5	17 March (77)	*** 376**	3	8 March (68)	
11	*Īśvara* ..	3479	300	553	0	18 March (77)	**377**	0	25 Feb. (56)	7
12	*Bahudhānya* ..	3480	301	554	1	18 March (77)	**378**	6	16 March (75)	
13	*Pramādi* § ..	3481	302	555	2	18 March (77)	**379**	4	6 March (65)	
14	*Vikrama* ..	3482	303	556	3	17 March (77)	*** 380**	1	23 Feb. (54)	5
15	*Vishu* ¶ ..	3483	304	557	5	18 March (77)	**381**	0	13 March (72)	
16	*Chitrabhānu* ..	3484	305	558	6	18 March (77)	**382**	4	2 March (61)	
17	*Svabhānu* ‖ ..	3485	306	559	0	18 March (77)	**383**	2	20 Feb. (51)	3
18	*Tāraṇa* ..	3486	307	560	1	17 March (77)	*** 384**	0	9 March (69)	
19	*Pārthiva* ..	3487	308	561	3	18 March (77)	**385**	5	27 Feb. (58)	
20	*Vyaya* ..	3488	309	562	4	18 March (77)	**386**	2	16 Feb. (47)	1
21	*Sarvajit* ..	3489	310	563	5	18 March (77)	**387**	1	7 March (66)	
22	*Sarvadhāri* ..	3490	311	564	6	17 March (77)	*** 388**	5	24 Feb. (55)	5
23	*Virodhi* ..	3491	312	565	1	18 March (77)	**389**	4	14 March (73)	
24	*Vikṛiti* ** ..	3492	313	566	2	18 March (77)	**390**	2	4 March (63)	
25	*Khara* ..	3493	314	567	3	18 March (77)	**391**	6	21 Feb. (52)	4
26	*Nandana* ..	3494	315	568	4	17 March (77)	*** 392**	5	11 March (71)	
27	*Vijaya* ..	3495	316	569	6	18 March (77)	**393**	2	28 Feb. (59)	
28	*Jaya* ..	3496	317	570	0	18 March (77)	**394**	0	18 Feb. (49)	2
29	*Manmatha* ..	3497	318	571	1	18 March (77)	**395**	6	9 March (68)	
30	*Durmukhi* ..	3498	319	572	2	17 March (77)	*** 396**	3	26 Feb. (57)	6

* Pramodata.
† Prajotpatti (?).
‡ (Dhatri ?).
§ Pramathin.
¶ (Vrishabha ?), Bhṛiśya.
‖ Subhanu.
** Vikṛita.

Cyclic Year.		Concurrent Year.		Aṅdu commencing in the Kali Yuga and Śaka Year.	Commencement					
					Of the Solar Year (Tamil).			Of the Luni-solar Year (Telugu).		
Serial Number.	Name.	Kali Yuga.	Śaka.		Ferial Number.	Date in the English Calendar.	English Year.	Ferial Number.	Date in the English Calendar.	Repeated Month.
1	2	3	4	5	6	7	8	9	10	11
31	*Hevilamba* * ..	3499	320	573	4	18 March (77)	**397**	2	16 March (75)	
32	*Vilambi* † ..	3500	321	574	5	18 March (77)	**398**	6	5 March (64)	
33	*Vikāri* ..	3501	322	575	6	18 March (77)	**399**	4	23 Feb. (54)	5
34	*Śarvari* ..	3502	323	576	0	17 March (77)	* **400**	3	13 March (73)	
35	*Plava* ..	3503	324	577	2	18 March (77)	**401**	0	2 March (61)	
36	*Śubhakṛit* ..	3504	325	578	3	18 March (77)	**402**	4	19 Feb. (50)	3
37	*Śobhakṛit* ‡ ..	3505	326	579	4	18 March (77)	**403**	3	10 March (69)	
38	*Krodhi* ..	3506	327	580	6	18 March (78)	* **404**	1	28 Feb. (59)	8(a)
39	*Viśvāvasu* ..	3507	328	581	0	18 March (77)	**405**	5	16 Feb. (47)	1
40	*Parābhava* ..	3508	329	582	1	18 March (77)	**406**	4	7 March (66)	
41	*Plavaṅga* ..	3509	330	583	2	18 March (77)	**407**	1	24 Feb. (55)	5
42	*Kīlaka* ..	3510	331	584	4	18 March (78)	* **408**	0	14 March (74)	
43	*Saumya* ..	3511	332	585	5	18 March (77)	**409**	4	3 March (62)	
44	*Sādhāraṇa* ..	3512	333	586	6	18 March (77)	**410**	2	21 Feb. (52)	4
45	*Virodhikṛit* § ..	3513	334	587	0	18 March (77)	**411**	1	12 March (71)	
46	*Paridhāvi* ..	3514	335	588	2	18 March (78)	* **412**	5	29 Feb. (60)	
47	*Pramādi* ¶ ..	3515	336	589	3	18 March (77)	**413**	2	17 Feb. (48)	2
48	*Ānanda* ..	3516	337	590	4	18 March (77)	**414**	1	8 March (67)	
49	*Rākshasa* ..	3517	338	591	5	18 March (77)	**415**	6	26 Feb. (57)	6
50	*Nala (Anala ?).*	3518	339	592	0	18 March (78)	* **416**	5	16 March (76)	
51	*Piṅgala* ..	3519	340	593	1	18 March (77)	**417**	2	5 March (64)	
52	*Kālayukti* ..	3520	341	594	2	18 March (77)	**418**	6	22 Feb. (53)	4
53	*Siddhārthi* ..	3521	342	595	3	18 March (77)	**419**	5	13 March (72)	
54	*Raudra, Raudri.*	3522	343	596	5	18 March (78)	* **420**	3	2 March (62)	
55	*Durmati* ..	3523	344	597	6	18 March (77)	**421**	0	19 Feb. (50)	3
56	*Dundubhi* ..	3524	345	598	0	18 March (77)	**422**	6	10 March (69)	
57	*Rudhirodgāri.* ..	3525	346	599	1	18 March (77)	**423**	3	27 Feb. (58)	8(a)
58	*Raktākshi* ** ..	3526	347	600	3	18 March (78)	* **424**	1	17 Feb. (48)	1
59	*Krodhana* ..	3527	348	601	4	18 March (77)	**425**	0	7 March (66)	
60	*Kshaya* †† ..	3528	349	602	5	18 March (77)	**426**	4	24 Feb. (55)	5

* ~~Hevilambi~~, Hemalamba, Hemalambi.
† Vilamba.
‡ Śobhana.
§ Virodhakṛit, Virodhyadikṛit.
(a) Pushya (10) is suppressed.
¶ Pramādicha.
~~‖ Kalayukta~~
** Raktāksha.
†† Akshaya.

Cyclic Year.		Concurrent Year.		Ándu commencing in the Kali Yuga and Saka Year.	Commencement					
					Of the Solar Year (Tamil).			Of the Luni-solar Year (Telugu).		
Serial Number.	Name.	Kali Yuga.	Śaka.		Ferial Number.	Date in the English Calendar.	English Year.	Ferial Number.	Date in the English Calendar.	Repeated Month.
1	2	3	4	5	6	7	8	9	10	11
1	*Prabhava* ..	3529	350	603	6	18 March (77)	427	3	15 March (74)	
2	*Vibhava* ..	3530	351	604	1	18 March (78)	* 428	0	3 March (63)	
3	*Śukla* ..	3531	352	605	2	18 March (77)	429	5	21 Feb. (52)	4
4	*Pramoda* * ..	3532	353	606	3	18 March (77)	430	3	11 March (70)	
5	*Prajāpati* † ..	3533	354	607	5	19 March (78)	431	1	1 March (60)	
6	*Áṅgirasa* ..	3534	355	608	6	18 March (78)	* 432	5	18 Feb. (49)	2
7	*Śrīmukha* ..	3535	356	609	0	18 March (77)	433	4	8 March (67)	
8	*Bhāva* ..	3536	357	610	1	18 March (77)	434	1	25 Feb. (56)	6
9	*Yuva* ..	3537	358	611	3	19 March (78)	435	0	16 March (75)	
10	*Dhātu* ‡ ..	3538	359	612	4	18 March (78)	* 436	5	5 March (65)	
11	*Īśvara* ..	3539	360	613	5	18 March (77)	437	2	22 Feb. (53)	4
12	*Bahudhānya* ..	3540	361	614	6	18 March (77)	438	1	13 March (72)	
13	*Pramādi* § ..	3541	362	615	1	19 March (78)	439	5	2 March (61)	
14	*Vikrama* ..	3542	363	616	2	18 March (78)	* 440	3	20 Feb. (51)	3
15	*Vishu* ¶ ..	3543	364	617	3	18 March (77)	441	2	10 March (69)	
16	*Chitrabhānu* ..	3544	365	618	4	18 March (77)	442	6	27 Feb. (58)	8
17	*Svabhānu* ‖ ..	3545	366	619	6	19 March (78)	443	5	18 March (77)	
18	*Tāraṇa* ..	3546	367	620	0	18 March (78)	* 444	2	6 March (66)	
19	*Pārthiva* ..	3547	368	621	1	18 March (77)	445	0	24 Feb. (55)	5
20	*Vyaya* ..	3548	369	622	2	18 March (77)	446	5	14 March (73)	
21	*Sarvajit* ..	3549	370	623	4	19 March (78)	447	3	4 March (63)	
22	*Sarvadhāri* ..	3550	371	624	5	18 March (78)	* 448	0	21 Feb. (52)	4
23	*Virodhi* ..	3551	372	625	6	18 March (77)	449	6	11 March (70)	
24	*Vikṛiti* ** ..	3552	373	626	0	18 March (77)	450	3	28 Feb. (59)	
25	*Khara* ..	3553	374	627	2	19 March (78)	451	1	18 Feb. (49)	1
26	*Nandana* ..	3554	375	628	3	18 March (78)	* 452	0	8 March (68)	
27	*Vijaya* ..	3555	376	629	4	18 March (77)	453	4	25 Feb. (56)	6
28	*Jaya* ..	3556	377	630	5	18 March (77)	454	3	16 March (75)	
29	*Manmatha* ..	3557	378	631	0	19 March (78)	455	0	5 March (64)	
30	*Durmukhi* ..	3558	379	632	1	18 March (78)	* 456	5	23 Feb. (54)	4

* Pramodūta. † Prajotpatti (?). ‡ (Dhatṛi ?). § Pramathin. ¶ (Vrishabha ?) Bhṛiśya. ‖ Subhanu. ** Vikṛita.

Cyclic Year.		Concurrent Year.		Āṇḍu commencing in the Kali Yuga and Śaka Year.	Commencement					
					Of the Solar Year (Tamiḻ).		Of the Luni-solar Year (Telugu).			
Serial Number.	Name.	Kali Yuga.	Śaka.		Ferial Number.	Date in the English Calendar.	English Year.	Ferial Number.	Date in the English Calendar.	Repeated Month.
1	2	3	4	5	6	7	8	9	10	11
31	*Hevilamba* * ..	3559	380	633	2	18 March (77)	457	4	13 March (72)	
32	*Vilambi* † ..	3560	381	634	3	18 March (77)	458	1	2 March (61)	
33	*Vikāri* ..	3561	382	635	5	19 March (78)	459	5	19 Feb. (50)	2
34	*Śarvari* ..	3562	383	636	6	18 March (78)	*460	4	9 March (69)	
35	*Plava* ..	3563	384	637	0	18 March (77)	461	2	27 Feb. (58)	7
36	*Śubhakṛit* ..	3564	385	638	2	19 March (78)	462	1	18 March (77)	
37	*Śobhakṛit* ‡ ..	3565	386	639	3	19 March (78)	463	5	7 March (66)	
38	*Krodhi* ..	3566	387	640	4	18 March (78)	*464	2	24 Feb. (55)	5
39	*Viśvāvasu* ..	3567	388	641	5	18 March (77)	465	1	14 March (73)	
40	*Parābhava* ..	3568	389	642	0	19 March (78)	466	6	4 March (63)	
41	*Plavaṅga* ..	3569	390	643	1	19 March (78)	467	3	21 Feb. (52)	3
42	*Kīlaka* ..	3570	391	644	2	18 March (78)	*468	2	11 March (71)	
43	*Saumya* ..	3571	392	645	3	18 March (77)	469	6	28 Feb. (59)	
44	*Sādhāraṇa* ..	3572	393	646	5	19 March (78)	470	4	18 Feb. (49)	1
45	*Virodhikṛit* § ..	3573	394	647	6	19 March (78)	471	2	8 March (67)	
46	*Paridhāvi* ..	3574	395	648	0	18 March (78)	*472	0	26 Feb. (57)	5
47	*Pramādi* ¶ ..	3575	396	649	1	18 March (77)	473	6	16 March (75)	
48	*Ānanda* ..	3576	397	650	3	19 March (78)	474	3	5 March (64)	
49	*Rākshasa* ..	3577	398	651	4	19 March (78)	475	0	22 Feb. (53)	4
50	*Nala* (*Anala* ?).	3578	399	652	5	18 March (78)	*476	6	12 March (72)	
51	*Piṅgala* ..	3579	400	653	6	18 March (77)	477	4	2 March (61)	
52	*Kālayukta* ..	3580	401	654	1	19 March (78)	478	1	19 Feb. (50)	2
53	*Siddhārthi* ..	3581	402	655	2	19 March (78)	479	0	10 March (69)	
54	*Raudra, Raudri*.	3582	403	656	3	18 March (78)	*480	4	27 Feb. (58)	6
55	*Durmati* ..	3583	404	657	4	18 March (77)	481	3	17 March (76)	
56	*Dundubhi* ..	3584	405	658	6	19 March (78)	482	1	7 March (66)	
57	*Rudhirodgāri* ..	3585	406	659	0	19 March (78)	483	5	24 Feb. (55)	5
58	*Raktākshi* ** ..	3586	407	660	1	18 March (78)	*484	4	14 March (74)	
59	*Krodhana* ..	3587	408	661	2	18 March (77)	485	1	3 March (62)	
60	*Kshaya* †† ..	3588	409	662	4	19 March (78)	486	6	21 Feb. .. (52)	3

~~* Hevilam~~bi, Hemalamba, Hemalambi.
† Vilamba.
‡ Śobhana.
§ Virodhakṛit, Virodhyadikṛit.
¶ Pramādicha.
~~[illegible]~~
** Raktaksha.
†† Akshaya.

Cyclic Year.		Concurrent Year.		Âṇḍu commencing in the Kali Yuga and Śaka Year.	Commencement					
					Of the Solar Year (Tamil).			Of the Luni-solar Year (Telugu).		
Serial Number.	Name.	Kali Yuga.	Śaka.		Ferial Number.	Date in the English Calendar.	English Year.	Ferial Number.	Date in the English Calendar.	Repeated Month.
1	2	3	4	5	6	7	8	9	10	11
1	*Prabhava* ..	3589	410	663	5	19 March (78)	**487**	4	11 March (70)	
2	*Vibhava* ..	3590	411	664	6	18 March (78)	* **488**	2	29 Feb. (60)	8 (a)
3	*Śukla* ..	3591	412	665	1	19 March (78)	**489**	6	17 Feb. (48)	1
4	*Pramoda* * ..	3592	413	666	2	19 March (78)	**490**	5	8 March (67)	
5	*Prajāpati* † ..	3593	414	667	3	19 March (78)	**491**	2	25 Feb. (56)	6
6	*Āṅgirasa* ..	3594	415	668	4	18 March (78)	* **492**	1	15 March (75)	
7	*Śrîmukha* ..	3595	416	669	6	19 March (78)	**493**	6	5 March (64)	
8	*Bhāva* ..	3596	417	670	0	19 March (78)	**494**	3	22 Feb. (53)	4
9	*Yuva* ..	3597	418	671	1	19 March (78)	**495**	2	13 March (72)	
10	*Dhātu* ‡ ..	3598	419	672	2	18 March (78)	* **496**	6	1 March (61)	
11	*Īśvara* ..	3599	420	673	4	19 March (78)	**497**	4	19 Feb. (50)	2
12	*Bahudhānya* ..	3600	421	674	5	19 March (78)	**498**	3	10 March (69)	
13	*Pramādi* § ..	3601	422	675	6	19 March (78)	**499**	0	27 Feb. (58)	6
14	*Vikrama* ..	3602	423	676	0	18 March (78)	* **500**	6	17 March (77)	
15	*Vishu* ¶ ..	3603	424	677	2	19 March (78)	**501**	3	6 March (65)	
16	*Chitrabhānu* ..	3604	425	678	3	19 March (78)	**502**	1	24 Feb. (55)	5
17	*Svabhānu* ‖ ..	3605	426	679	4	19 March (78)	**503**	0	15 March (74)	
18	*Tāraṇa* ..	3606	427	680	5	18 March (78)	* **504**	4	3 March (63)	
19	*Pārthiva* ..	3607	428	681	0	19 March (78)	**505**	1	20 Feb. (51)	3
20	*Vyaya* ..	3608	429	682	1	19 March (78)	**506**	0	11 March (70)	
21	*Sarvajit* ..	3609	430	683	2	19 March (78)	**507**	5	1 March (60)	
22	*Sarvadhāri* ..	3610	431	684	3	18 March (78)	* **508**	2	18 Feb. (49)	1
23	*Virodhi* ..	3611	432	685	5	19 March (78)	**509**	1	8 March (67)	
24	*Vikṛiti* ** ..	3612	433	686	6	19 March (78)	**510**	5	25 Feb. (56)	6
25	*Khara* ..	3613	434	687	0	19 March (78)	**511**	4	16 March (75)	
26	*Nandana* ..	3614	435	688	1	18 March (78)	* **512**	1	4 March (64)	
27	*Vijaya* ..	3615	436	689	3	19 March (78)	**513**	6	22 Feb. (53)	4
28	*Jaya* ..	3616	437	690	4	19 March (78)	**514**	5	13 March (72)	
29	*Manmatha* ..	3617	438	691	5	19 March (78)	**515**	2	2 March (61)	
30	*Durmukhi* ..	3618	439	692	0	19 March (79)	* **516**	6	19 Feb. (50)	2

* Pramodūta.
† Prajotpatti (?).
‡ (Dhātri ?).
§ Pramathin.
¶ (Vṛishabha ?) Bhṛiśya.
‖ Subhānu.
** Vikṛita.

(a) Pushya (10) is suppressed.

Cyclic Year.		Concurrent. Year.		Andu commencing in the Kali Yuga and Śaka Year.	Commencement					
					Of the Solar Year (Tamil).		Of the Luni-solar Year (Telugu).			
Serial Number.	Name.	Kali Yuga.	Śaka.		Ferial Number.	Date in the English Calendar.	English Year.	Ferial Number	Date in the English Calendar.	Repeated Month.
1	2	3	4	5	6	7	8	9	10	11
31	*Hevilamba* * ..	3619	440	693	1	19 March (78)	517	5	9 March (68)	
32	*Vilambi* † ..	3620	441	694	2	19 March (78)	518	3	27 Feb. (58)	7
33	*Vikāri* ..	3621	442	695	3	19 March (78)	519	2	18 March (77)	
34	*Śarvari* ..	3622	443	696	5	19 March (79)	* 520	6	6 March (66)	
35	*Plava* ..	3623	444	697	6	19 March (78)	521	3	23 Feb. (54)	4
36	*Śubhakṛit* ..	3624	445	698	0	19 March (78)	522	2	14 March (73)	
37	*Śobhakṛit* ‡ ..	3625	446	699	1	19 March (78)	523	0	4 March (63)	
38	*Krodhi* ..	3626	447	700	3	19 March (79)	* 524	4	21 Feb. (52)	3
39	*Viśvāvasu* ..	3627	448	701	4	19 March (78)	525	3	11 March (70)	
40	*Parābhava* ..	3628	449	702	5	19 March (78)	526	0	28 Feb (59)	8 (a)
41	*Plavaṅga* ..	3629	450	703	6	19 March (78)	527	5	18 Feb. (49)	1
42	*Kīlaka* ..	3630	451	704	1	19 March (79)	* 528	3	7 March (67)	
43	*Saumya* ..	3631	452	705	2	19 March (78)	529	1	25 Feb. (56)	5
44	*Sādhāraṇa* ..	3632	453	706	3	19 March (78)	530	0	16 March (75)	
45	*Virodhikṛit* § ..	3633	454	707	4	19 March (78)	531	4	5 March (64)	
46	*Paridhāvi* ..	3634	455	708	6	19 March (79)	* 532	1	22 Feb. (53)	4
47	*Pramādi* ¶ ..	3635	456	709	0	19 March (78)	533	0	12 March (71)	
48	*Ānanda* ..	3636	457	710	1	19 March (78)	534	5	2 March (61)	
49	*Rākshasa* ..	3637	458	711	2	19 March (78)	535	2	19 Feb. (50)	2
50	*Nala* (*Anala* ?) ..	3638	459	712	4	19 March (79)	* 536	1	9 March (69)	
51	*Piṅgala* ..	3639	460	713	5	19 March (78)	537	5	26 Feb. (57)	7
52	*Kālayukti* ‖ ..	3640	461	714	6	19 March (78)	538	4	17 March (76)	
53	*Siddhārthi* ..	3641	462	715	0	19 March (78)	539	2	7 March (66)	
54	*Raudra, Raudri.*	3642	463	716	2	19 March (79)	* 540	6	24 Feb. (55)	4
55	*Durmati* ..	3643	464	717	3	19 March (78)	541	5	14 March (73	
56	*Dundubhi* ..	3644	465	718	4	19 March (78)	542	2	3 March (62)	
57	*Rudhirodgāri* ..	3645	466	719	5	19 March (78)	543	0	21 Feb. (52)	3
58	*Raktākshi* ** ..	3646	467	720	0	19 March (78)	* 544	6	11 March (71)	
59	*Krodhana* ..	3647	468	721	1	19 March (78)	545	3	28 Feb. (59)	8 (a) & 12
60	*Kshaya* †† ..	3648	469	722	2	19 March (78)	546	2	19 March (78)	

* ~~Hevilambi~~, Hemalamba, Hemalambi.
† Vilamba.
‡ Śobhana.
§ Virodhakrit, Virodhyādikṛit.
¶ Pramādicha.
‖ ~~[illegible]~~
** Raktāksha.
†† Akshaya.

(a) Margaśira (9) is suppressed.

Cyclic Year.		Concurrent Year.		Ändu commencing in the Kali Yuga and Śaka Year.	Commencement					
					Of the Solar Year (Tamil).			Of the Luni-solar Year (Telugu).		
Serial Number.	Name.	Kali Yuga.	Śaka.		Ferial Number.	Date in the English Calendar.	English Year.	Ferial Number.	Date in the English Calendar.	Repeated Month.
1	2	3	4	5	6	7	8	9	10	11
1	*Prabhava* ..	3649	470	723	4	20 March (79)	**547**	6	8 March (67)	
2	*Vibhava* ..	3650	471	724	5	19 March (79)	*** 548**	4	26 Feb. (57)	5
3	*Śukla* ..	3651	472	725	6	19 March (78)	**549**	2	15 March (74)	
4	*Pramoda* * ..	3652	473	726	0	19 March (78)	**550**	0	5 March (64)	
5	*Prajāpati* † ..	3653	474	727	2	20 March (79)	**551**	4	22 Feb. (53)	4
6	*Āṅgirasa* ..	3654	475	728	3	19 March (79)	*** 552**	3	12 March (72)	
7	*Śrīmukha* ..	3655	476	729	4	19 March (78)	**553**	0	1 March (60)	
8	*Bhāva* ..	3656	477	730	5	19 March (78)	**554**	5	19 Feb. (50)	2
9	*Yuva* ..	3657	478	731	0	20 March (79)	**555**	4	10 March (69)	
10	*Dhātu* ‡ ..	3658	479	732	1	19 March (79)	*** 556**	1	27 Feb. (58)	6
11	*Īśvara* ..	3659	480	733	2	19 March (78)	**557**	0	17 March (76)	
12	*Bahudhānya* ..	3660	481	734	3	19 March (78)	**558**	4	6 March (65)	
13	*Pramādi* § ..	3661	482	735	5	20 March (79)	**559**	2	24 Feb. (55)	4
14	*Vikrama* ..	3662	483	736	6	19 March (79)	*** 560**	1	14 March (74)	
15	*Vishu* ¶ ..	3663	484	737	0	19 March (78)	**561**	5	3 March (62)	
16	*Chitrabhānu* ..	3664	485	738	1	19 March (78)	**562**	2	20 Feb. (51)	3
17	*Svabhānu* ‖ ..	3665	486	739	3	20 March (79)	**563**	1	11 March (70)	
18	*Tāraṇa* ..	3666	487	740	4	19 March (79)	*** 564**	6	29 Feb. (60)	7
19	*Pārthiva* ..	3667	488	741	5	19 March (78)	**565**	4	18 March (77)	
20	*Vyaya* ..	3668	489	742	6	19 March (78)	**566**	2	8 March (67)	
21	*Sarvajit* ..	3669	490	743	1	20 March (79)	**567**	6	25 Feb. (56)	5
22	*Sarvadhāri* ..	3670	491	744	2	19 March (79)	*** 568**	5	15 March (75)	
23	*Virodhi* ..	3671	492	745	3	19 March (78)	**569**	2	4 March (63)	
24	*Vikṛiti* ** ..	3672	493	746	4	19 March (78)	**570**	0	22 Feb. (53)	3
25	*Khara* ..	3673	494	747	6	20 March (79)	**571**	6	13 March (72)	
26	*Nandana* ..	3674	495	748	0	19 March (79)	*** 572**	3	1 March (61)	
27	*Vijaya* ..	3675	496	749	1	19 March (78)	**573**	0	18 Feb. (49)	2
28	*Jaya* ..	3676	497	750	3	20 March (79)	**574**	6	9 March (68)	
29	*Manmatha* ..	3677	498	751	4	20 March (79)	**575**	4	27 Feb. (58)	6
30	*Durmukhi* ..	3678	499	752	5	19 March (79)	*** 576**	3	17 March (77)	

* Pramodūta.
† Prajotpatti (?).
‡ (Dhatri ?).
§ Pramathin.
¶ (Vrishabha ?), Bhriśya.
‖ Subhanu.
** Vikṛita.

Cyclic Year.		Concurrent Year.		Apdu commencing in the Kali Yuga and Śaka Year.	Commencement					
					Of the Solar Year (Tamil).			Of the Luni-solar Year (Telugu).		
Serial Number.	Name.	Kali Yuga.	Śaka.		Ferial Number.	Date in the English Calendar.	English Year.	Ferial Number.	Date in the English Calendar.	Repeated Month.
1	2	3	4	5	6	7	8	9	10	11
31	*Hevilamba* * ..	3670	500	753	6	19 March (78)	577	0	6 March (65)	
32	*Vilambi* † ..	3680	501	754	1	20 March (79)	578	4	23 Feb. (54)	4
33	*Vikāri* ..	3681	502	755	2	20 March (79)	579	3	14 March (73)	
34	*Śarvari* ..	3682	503	756	3	19 March (79)	* 580	1	3 March (63)	
35	*Plava* ..	3683	504	757	4	19 March (78)	581	5	20 Feb. (51)	3
36	*Śubhakṛit* ..	3684	505	758	6	20 March (79)	582	4	11 March (70)	
37	*Śobhakṛit* ‡ ..	3685	506	759	0	20 March (79)	583	1	28 Feb. (59)	7
38	*Krodhi* ..	3686	507	760	1	19 March (79)	* 584	0	18 March (78)	
39	*Viśvāvasu* ..	3687	508	761	2	19 March (78)	585	5	8 March (67)	
40	*Parābhava* ..	3688	509	762	4	20 March (79)	586	2	25 Feb. (56)	5
41	*Plavaṅga* ..	3689	510	763	5	20 March (79)	587	1	16 March (75)	
42	*Kīlaka* ..	3690	511	764	6	19 March (79)	* 588	5	4 March (64)	
43	*Saumya* ..	3691	512	765	0	19 March (78)	589	3	22 Feb. (53)	3
44	*Sādhāraṇa* ..	3692	513	766	2	20 March (79)	590	1	12 March (71)	
45	*Virodhikṛit* § ..	3693	514	767	3	20 March (79)	591	6	2 March (61)	
46	*Paridhāvi* ..	3694	515	768	4	19 March (79)	* 592	3	19 Feb. (50)	2
47	*Pramādi* ¶ ..	3695	516	769	5	19 March (78)	593	2	9 March (68)	
48	*Ānanda* ..	3696	517	770	0	20 March (79)	594	6	26 Feb. (57)	6
49	*Rākshasa* ..	3697	518	771	1	20 March (79)	595	5	17 March (76)	
50	*Nala* (*Anala*?) ..	3698	519	772	2	19 March (79)	* 596	3	6 March (66)	
51	*Piṅgala* ..	3699	520	773	3	19 March (78)	597	0	23 Feb. (54)	4
52	*Kālayukta* ..	3700	521	774	5	20 March (79)	598	6	14 March (73)	
53	*Siddhārthi* ..	3701	522	775	6	20 March (79)	599	3	3 March (62)	
54	*Raudra, Raudri.*	3702	523	776	0	19 March (79)	* 600	1	21 Feb. (52)	3
55	*Durmati* ..	3703	524	777	1	19 March (78)	601	0	11 March (70)	
56	*Dundubhi* ..	3704	525	778	3	20 March (79)	602	4	28 Feb. (59)	7
57	*Rudhirodgāri* ..	3705	526	779	4	20 March (79)	603	3	19 March (78)	
58	*Raktākshi* ** ..	3706	527	780	5	19 March (79)	* 604	0	7 March (67)	
59	*Krodhana* ..	3707	528	781	0	20 March (79)	605	5	25 Feb. (56)	5
60	*Kshaya* †† ..	3708	529	782	1	20 March (79)	606	3	15 March (74)	

* ~~Hevilambi;~~ Hemalamba, Hemalambi.
† Vilamba.
‡ Śobhana.
§ Virodhakṛit, Virodhyadikṛit.
¶ Pramādicha.
~~‖ Kalayukta.~~
** Raktāksha.
†† Akshaya.

Cyclic Year.		Concurrent Year.		Āṇḍa commencing in the Kali Yuga and Śaka Year.	Commencement					
					Of the Solar Year (Tamil).			Of the Luni-solar Year (Telugu).		
Serial Number.	Name.	Kali Yuga.	Śaka.		Ferial Number.	Date in the English Calendar.	English Year.	Ferial Number.	Date in the English Calendar.	Repeated Month.
1	2	3	4	5	6	7	8	9	10	11
1	*Prabhava* ..	3709	530	783	2	20 March (79)	**607**	1	5 March (64)	
2	*Vibhava* ..	3710	531	784	3	19 March (79)	* **608**	5	22 Feb. (53)	3
3	*Śukla* ..	3711	532	785	5	20 March (79)	**609**	4	12 March (71)	
4	*Pramoda* * ..	3712	533	786	6	20 March (79)	**610**	1	1 March (60)	
5	*Prajāpati* † ..	3713	534	787	0	20 March (79)	**611**	6	19 Feb. (50)	1
6	*Āṅgirasa* ..	3714	535	788	1	19 March (79)	* **612**	5	9 March (69)	
7	*Śrīmukha* ..	3715	536	789	3	20 March (79)	**613**	2	26 Feb. (57)	6
8	*Bhāva* ..	3716	537	790	4	20 March (79)	**614**	1	17 March (76)	
9	*Yuva* ..	3717	538	791	5	20 March (79)	**615**	5	6 March (65)	
10	*Dhātu* ‡ ..	3718	539	792	6	19 March (79)	* **616**	3	24 Feb. (55)	4
11	*Īśvara* ..	3719	540	793	1	20 March (79)	**617**	2	14 March (73)	
12	*Bahudhānya* ..	3720	541	794	2	20 March (79)	**618**	6	3 March (62)	
13	*Pramādi* § ..	3721	542	795	3	20 March (79)	**619**	3	20 Feb. (51)	2
14	*Vikrama* ..	3722	543	796	4	19 March (79)	* **620**	2	10 March (70)	
15	*Vishu* ¶ ..	3723	544	797	6	20 March (79)	**621**	0	28 Feb. (59)	7
16	*Chitrabhānu* ..	3724	545	798	0	20 March (79)	**622**	6	19 March (78)	
17	*Svabhānu* ‖ ..	3725	546	799	1	20 March (79)	**623**	3	8 March (67)	
18	*Tāraṇa* ..	3726	547	800	2	19 March (79)	* **624**	0	25 Feb. (56)	5
19	*Pārthiva* ..	3727	548	801	4	20 March (79)	**625**	6	15 March (74)	
20	*Vyaya* ..	3728	549	802	5	20 March (79)	**626**	4	5 March (64)	
21	*Sarvajit* ..	3729	550	803	6	20 March (79)	**627**	1	22 Feb. (53)	3
22	*Sarvadhāri* ..	3730	551	804	0	19 March (79)	* **628**	0	12 March (72)	
23	*Virodhi* ..	3731	552	805	2	20 March (79)	**629**	4	1 March (60)	8 (a)
24	*Vikṛiti* ** ..	3732	553	806	3	20 March (79)	**630**	2	19 Feb. (50)	1
25	*Khara* ..	3733	554	807	4	20 March (79)	**631**	0	9 March (68)	
26	*Nandana* ..	3734	555	808	6	20 March (80)	* **632**	5	27 Feb. (58)	5
27	*Vijaya* ..	3735	556	809	0	20 March (79)	**633**	4	17 March (76)	
28	*Jaya* ..	3736	557	810	1	20 March (79)	**634**	1	6 March (65)	
29	*Manmatha* ..	3737	558	811	2	20 March (79)	**635**	5	23 Feb. (54)	4
30	*Durmukhi* ..	3738	559	812	4	20 March (80)	* **636**	4	13 March (73)	

* Pramodūta.
† Prajotpatti (?).
‡ (Dhatri ?).
§ Pramāthin.
¶ (Vrishabha ?); Bhṛiśya.
‖ Subbanu.
** Vikṛita.

(a) Margaśira (9) is suppressed.

Cyclic Year.		Concurrent Year.		Āṇḍu commencing in the Kali Yuga and Śaka Year.	Commencement					
					Of the Solar Year (Tamil).			Of the Luni-solar Year (Telugu).		
Serial Number.	Name.	Kali Yuga.	Śaka.		Ferial Number.	Date in the English Calendar.	English Year.	Ferial Number.	Date in the English Calendar.	Repeated Month.
1	2	3	4	5	6	7	8	9	10	11
31	*Hevilamba* * ..	3739	560	813	5	20 March (79)	637	2	3 March (62)	
32	*Vilambi* † ..	3740	561	814	6	20 March (79)	638	6	20 Feb. (51)	2
33	*Vikāri* ..	3741	562	815	0	20 March (79)	639	5	11 March (70)	
34	*Śarvari* ..	3742	563	816	2	20 March (80)	* 640	2	28 Feb. (59)	7
35	*Plava* ..	3743	564	817	3	20 March (79)	641	1	18 March (77)	
36	*Śubhakṛit* ..	3744	565	818	4	20 March (79)	642	6	8 March (67)	
37	*Śobhakṛit* ‡ ..	3745	566	819	5	20 March (79)	643	3	25 Feb. (56)	5
38	*Krodhi* ..	3746	567	820	0	20 March (80)	* 644	2	15 March (75)	
39	*Viśvāvasu* ..	3747	568	821	1	20 March (79)	645	6	4 March (63)	
40	*Parābhava* ..	3748	569	822	2	20 March (79)	646	4	22 Feb. (53)	3
41	*Plavaṅga* ..	3749	570	823	3	20 March (79)	647	2	12 March (71)	
42	*Kīlaka* ..	3750	571	824	5	20 March (80)	* 648	0	1 March (61)	
43	*Saumya* ..	3751	572	825	6	20 March (79)	649	4	18 Feb. (49)	1
44	*Sādhāraṇa* ..	3752	573	826	0	20 March (79)	650	3	9 March (68)	
45	*Virodhikṛit* § ..	3753	574	827	1	20 March (79)	651	0	26 Feb. (57)	5
46	*Paridhāvi* ..	3754	575	828	3	20 March (80)	* 652	6	16 March (76)	
47	*Pramādi* ¶ ..	3755	576	829	4	20 March (79)	653	4	6 March (65)	
48	*Ānanda* ..	3756	577	830	5	20 March (79)	654	1	23 Feb. (54)	4
49	*Rākshasa* ..	3757	578	831	6	20 March (79)	655	0	14 March (73)	
50	*Nala* (*Anala*?) ..	3758	579	832	1	20 March (80)	* 656	4	2 March (62)	
51	*Piṅgala* ..	3759	580	833	2	20 March (79)	657	2	20 Feb. (51)	2
52	*Kālayukta* ..	3760	581	834	3	20 March (79)	658	1	11 March (70)	
53	*Siddhārthi* ..	3761	582	835	4	20 March (79)	659	5	28 Feb. (59)	6
54	*Raudra, Raudri.*	3762	583	836	6	20 March (80)	* 660	4	18 March (78)	
55	*Durmati* ..	3763	584	837	0	20 March (79)	661	1	7 March (66)	
56	*Dundubhi* ..	3764	585	838	1	20 March (79)	662	6	25 Feb. (56)	5
57	*Rudhirodgāri* ..	3765	586	839	3	21 March (80)	663	5	16 March (75)	
58	*Raktākshi* ‖ ..	3766	587	840	4	20 March (80)	* 664	2	4 March (64)	
59	*Krodhana* ..	3767	588	841	5	20 March (79)	665	6	21 Feb. (52)	3
60	*Kshaya* ** ..	3768	589	842	6	20 March (79)	666	5	12 March (71)	

* Hemalamba, Hemalambi.
† Vilamba.
‡ Śobhana.
§ Virodhakṛit, Virodhyadikṛit.
¶ Pramādicha.
‖ Raktāksha.
** Akshaya.

Cyclic Year.		Concurrent Year.		Âṇḍu commencing in the Kali Yuga and Saka Year.	Commencement					
					Of the Solar Year (Tamil).			Of the Luni-solar Year (Telugu).		
Serial Number.	Name.	Kali Yuga.	Śaka.		Ferial Number.	Date in the English Calendar.	English Year.	Ferial Number.	Date in the English Calendar.	Repeated Month.
1	2	3	4	5	6	7	8	9	10	11
1	*Prabhava* ..	3769	590	843	1	21 March (80)	**667**	3	2 March (61)	8(a)
2	*Vibhava* ..	3770	591	844	2	20 March (80)	*** 668**	0	19 Feb. (50)	1
3	*Śukla* ..	3771	592	845	3	20 March (79)	**669**	6	9 March (68)	
4	*Pramoda* * ..	3772	593	846	4	20 March (79)	**670**	3	26 Feb. (57)	5
5	*Prajāpati* † ..	3773	594	847	6	21 March (80)	**671**	2	17 March (76)	
6	*Āṅgirasa* ..	3774	595	848	0	20 March (80)	*** 672**	6	5 March (65)	
7	*Śrīmukha* ..	3775	596	849	1	20 March (79)	**673**	4	23 Feb. (54)	4
8	*Bhāva* ..	3776	597	850	2	20 March (79)	**674**	3	14 March (73)	
9	*Yuva* ..	3777	598	851	4	21 March (80)	**675**	0	3 March (62)	
10	*Dhātu* ‡ ..	3778	599	852	5	20 March (80)	*** 676**	4	20 Feb. (51)	2
11	*Īśvara* ..	3779	600	853	6	20 March (79)	**677**	3	10 March (69)	
12	*Bahudhânya* ..	3780	601	854	0	20 March (79)	**678**	1	28 Feb. (59)	6
13	*Pramādi* § ..	3781	602	855	2	21 March (80)	**679**	0	19 March (78)	
14	*Vikrama* ..	3782	603	856	3	20 March (80)	*** 680**	4	7 March (67)	
15	*Vishu* ¶ ..	3783	604	857	4	20 March (79)	**681**	1	24 Feb. (55)	4
16	*Chitrabhānu* ..	3784	605	858	5	20 March (79)	**682**	0	15 March (74)	
17	*Svabhānu* ‖ ..	3785	606	859	0	21 March (80)	**683**	5	5 March (64)	
18	*Tāraṇa* ..	3786	607	860	1	20 March (80)	*** 684**	2	22 Feb. (53)	3
19	*Pārthiva* ..	3787	608	861	2	20 March (79)	**685**	1	12 March (71)	
20	*Vyaya* ..	3788	609	862	3	20 March (79)	**686**	5	1 March (60)	8(a)
21	*Sarvajit* ..	3789	610	863	5	21 March (80)	**687**	3	19 Feb. (50)	1
22	*Sarvadhāri* ..	3790	611	864	6	20 March (80)	*** 688**	2	9 March (69)	
23	*Virodhi* ..	3791	612	865	0	20 March (79)	**689**	6	26 Feb. (57)	5
24	*Vikṛiti* ** ..	3792	613	866	2	21 March (80)	**690**	5	17 March (76)	
25	*Khara* ..	3793	614	867	3	21 March (80)	**691**	2	6 March (65)	
26	*Nandana* ..	3794	615	868	4	20 March (80)	*** 692**	0	24 Feb. (55)	4
27	*Vijaya* ..	3795	616	869	5	20 March (79)	**693**	5	13 March (72)	
28	*Jaya* ..	3796	617	870	0	21 March (80)	**694**	3	3 March (62)	
29	*Manmatha* ..	3797	618	871	1	21 March (80)	**695**	0	20 Feb. (51)	2
30	*Durmukhi* ..	3798	619	872	2	20 March (80)	*** 696**	6	10 March (70)	

* Pramodata. ‡ Dhatri. ¶ Vrishabha ?, Bhriśya. ** Vikṛita.
† Prajotpatti (?). § Pramathin. ‖ Subhānu.

(a) Pushya (10) is suppressed.

Cyclic Year.		Concurrent Year.		Âṇḍu commencing in the Kali Yuga and Śaka Year.	Commencement					
					Of the Solar Year (Tamil).			Of the Luni-solar Year (Telugu).		
Serial Number.	Name.	Kali Yuga.	Śaka.		Ferial Number.	Date in the English Calendar.	English Year.	Ferial Number.	Date in the English Calendar.	Repeated Month.
1	2	3	4	5	6	7	8	9	10	11
31	*Hevilamba* * ..	3799	620	873	3	20 March (79)	**697**	3	27 Feb. (58)	6
32	*Vilambi* † ..	3800	621	874	5	21 March (80)	**698**	2	18 March (77)	
33	*Vikāri* ..	3801	622	875	6	21 March (80)	**699**	0	8 March (67)	
34	*Śarvari* ..	3802	623	876	0	20 March (80)	***700**	4	25 Feb. (56)	4
35	*Plava* ..	3803	624	877	1	20 March (79)	**701**	3	15 March (74)	
36	*Śubhakṛit* ..	3804	625	878	3	21 March (80)	**702**	0	4 March (63)	
37	*Śobhakṛit* ‡ ..	3805	626	879	4	21 March (80)	**703**	5	22 Feb. (53)	3
38	*Krodhi* ..	3806	627	880	5	20 March (80)	***704**	4	12 March (72)	
39	*Viśvāvasu* ..	3807	628	881	6	20 March (79)	**705**	1	1 March (60)	8
40	*Parābhava* ..	3808	629	882	1	21 March (80)	**706**	0	20 March (79)	
41	*Plavaṅga* ..	3809	630	883	2	21 March (80)	**707**	4	9 March (68)	
42	*Kīlaka* ..	3810	631	884	3	20 March (80)	***708**	2	27 Feb. (58)	5
43	*Saumya* ..	3811	632	885	4	20 March (79)	**709**	0	16 March (75)	
44	*Sādhāraṇa* ..	3812	633	886	6	21 March (80)	**710**	5	6 March (65)	
45	*Virodhikṛit* § ..	3813	634	887	0	21 March (80)	**711**	2	23 Feb. (54)	4
46	*Paridhāvi* ..	3814	635	888	1	20 March (80)	***712**	1	13 March (73)	
47	*Pramādi* ¶ ..	3815	636	889	2	20 March (79)	**713**	5	2 March (61)	
48	*Ānanda* ..	3816	637	890	4	21 March (80)	**714**	3	20 Feb. (51)	1
49	*Rākshasa* ..	3817	638	891	5	21 March (80)	**715**	2	11 March (70)	
50	*Nala* (*Anala*?)..	3818	639	892	6	20 March (80)	***716**	6	28 Feb. (59)	6
51	*Piṅgala* ..	3819	640	893	0	20 March (79)	**717**	5	18 March (77)	
52	*Kālayukta* ..	3820	641	894	2	21 March (80)	**718**	2	7 March (66)	
53	*Siddhārthi* ..	3821	642	895	3	21 March (80)	**719**	0	25 Feb. (56)	4
54	*Raudra, Raudri*.	3822	643	896	4	20 March (80)	***720**	6	15 March (75)	
55	*Durmati* ..	3823	644	897	6	21 March (80)	**721**	3	4 March (63)	
56	*Dundubhi* ..	3824	645	898	0	21 March (80)	**722**	0	21 Feb. (52)	2
57	*Rudhirodgāri* ..	3825	646	899	1	21 March (80)	**723**	6	12 March (71)	
58	*Raktākshi* ‖ ..	3826	647	900	2	20 March (80)	***724**	4	1 March (61)	7
59	*Krodhana* ..	3827	648	901	4	21 March (80)	**725**	3	20 March (79)	
60	*Kshaya* ** ..	3828	649	902	5	21 March (80)	**726**	0	9 March (68)	

* Hemalamba, Hemalambi.
† Vilamba.
‡ Śobhana.
§ Virodhakṛit, Virodhyādikṛit.
¶ Pramādicha.
‖ Raktākcha.
** Akshaya.

Cyclic Year.		Concurrent Year.		Andu commencing in the Kali Yuga and Śaka Year.	Commencement					
					Of the Solar Year (Tamil).			Of the Luni-solar Year (Telugu).		
Serial Number.	Name.	Kali Yuga.	Śaka.		Ferial Number.	Date in the English Calendar.	English Year.	Ferial Number.	Date in the English Calendar.	Repeated Month.
1	2	3	4	5	6	7	8	9	10	11
1	*Prabhava* ..	3829	650	903	6	21 March (80)	**727**	4	26 Feb. (57)	5
2	*Vibhava* ..	3830	651	904	0	20 March (80)	***728**	3	16 March (76)	
3	*Śukla* ..	3831	652	905	2	21 March (80)	**729**	1	6 March (65)	
4	*Pramoda* * ..	3832	653	906	3	21 March (80)	**730**	5	23 Feb. (54)	3
5	*Prajāpati* † ..	3833	654	907	4	21 March (80)	**731**	4	14 March (73)	
6	*Āṅgirasa* ..	3834	655	908	5	20 March (80)	***732**	1	2 March (62)	
7	*Śrīmukha* ..	3835	656	909	0	21 March (80)	**733**	6	20 Feb. (51)	1
8	*Bhāva* ..	3836	657	910	1	21 March (80)	**734**	4	10 March (69)	
9	*Yuva* ..	3837	658	911	2	21 March (80)	**735**	2	28 Feb. (59)	5
10	*Dhātu* ‡ ..	3838	659	912	3	20 March (80)	***736**	1	18 March (78)	
11	*Īśvara* ..	3839	660	913	5	21 March (80)	**737**	5	7 March (66)	
12	*Bahudhānya* ..	3840	661	914	6	21 March (80)	**738**	2	24 Feb. (55)	4
13	*Pramādi* § ..	3841	662	915	0	21 March (80)	**739**	1	15 March (74)	
14	*Vikrama* ..	3842	663	916	1	20 March (80)	***740**	6	4 March (64)	
15	*Vishu* ¶ ..	3843	664	917	3	21 March (80)	**741**	3	21 Feb. (52)	2
16	*Chitrabhānu* ..	3844	665	918	4	21 March (80)	**742**	2	12 March (71)	
17	*Svabhānu* ‖ ..	3845	666	919	5	21 March (80)	**743**	6	1 March (60)	6
18	*Tāraṇa* ..	3846	667	920	6	20 March (80)	***744**	5	19 March (79)	
19	*Pārthiva* ..	3847	668	921	1	21 March (80)	**745**	3	9 March (68)	
20	*Vyaya* ..	3848	669	922	2	21 March (80)	**746**	0	26 Feb. (57)	5
21	*Sarvajit* ..	3849	670	923	3	21 March (80)	**747**	6	17 March (76)	
22	*Sarvadhāri* ..	3850	671	924	5	21 March (81)	***748**	3	5 March (65)	
23	*Virodhi* ..	3851	672	925	6	21 March (80)	**749**	1	23 Feb. (54)	3
24	*Vikṛiti* ** ..	3852	673	926	0	21 March (80)	**750**	6	13 March (72)	
25	*Khara* ..	3853	674	927	1	21 March (80)	**751**	4	3 March (62)	
26	*Nandana* ..	3854	675	928	3	21 March (81)	***752**	1	20 Feb. (51)	1
27	*Vijaya* ..	3855	676	929	4	21 March (80)	**753**	0	10 March (69)	
28	*Jaya* ..	3856	677	930	5	21 March (80)	**754**	4	27 Feb. (58)	6
29	*Manmatha* ..	3857	678	931	6	21 March (80)	**755**	3	18 March (77)	
30	*Durmukhi* ..	3858	679	932	1	21 March (81)	***756**	1	7 March (67)	

* Pramodūta.
† Prajotpatti (?).
‡ Dhātṛi ?.
§ Pramāthin.
¶ Vṛishabha ?, Bhṛisya.
‖ Subhānu.
** Vikṛita.

Cyclic Year.		Concurrent Year.		Andu commencing in the Kali Yuga and Śaka Year.	Commencement					
					Of the Solar Year (Tamil).			Of the Luni-solar Year (Telugu).		
Serial Number.	Name.	Kali Yuga.	Śaka.		Ferial Number.	Date in the English Calendar.	English Year.	Ferial Number.	Date in the English Calendar.	Repeated Month.
1	2	3	4	5	6	7	8	9	10	11
31	*Hevilamba* * ..	3859	680	933	2	21 March (80)	757	5	24 Feb. (55)	4
32	*Vilambi* † ..	3860	681	934	3	21 March (80)	758	4	15 March (74)	
33	*Vikāri* ..	3861	682	935	4	21 March (80)	759	1	4 March (63)	
34	*Śarvari* ..	3862	683	936	6	21 March (81)	* 760	6	22 Feb. (53)	2
35	*Plava* ..	3863	684	937	0	21 March (80)	761	5	12 March (71)	
36	*Śubhakṛit* ..	3864	685	938	1	21 March (80)	762	2	1 March (60)	6
37	*Śobhakṛit* ‡ ..	3865	686	939	2	21 March (80)	763	1	20 March (79)	
38	*Krodhi* ..	3866	687	940	4	21 March (81)	* 764	5	8 March (68)	
39	*Viśvāvasu* ..	3867	688	941	5	21 March (80)	765	3	26 Feb. (57)	5
40	*Parābhava* ..	3868	689	942	6	21 March (80)	766	2	17 March (76)	
41	*Plavaṅga* ..	3869	690	943	0	21 March (80)	767	6	6 March (65)	
42	*Kīlaka* ..	3870	691	944	2	21 March (81)	* 768	3	23 Feb. (54)	3
43	*Saumya* ..	3871	692	945	3	21 March (80)	769	2	13 March (72)	
44	*Sādhāraṇa* ..	3872	693	946	4	21 March (80)	770	0	3 March (62)	8(a)
45	*Virodhikṛit* § ..	3873	694	947	5	21 March (80)	771	4	20 Feb. (51)	1
46	*Paridhāvi* ..	3874	695	948	0	21 March (81)	* 772	3	10 March (70)	
47	*Pramādi* ¶ ..	3875	696	949	1	21 March (80)	773	0	27 Feb. (58)	6
48	*Ānanda* ..	3876	697	950	2	21 March (80)	774	6	18 March (77)	
49	*Rākshasa* ..	3877	698	951	3	21 March (80)	775	3	7 March (66)	
50	*Nala* (*Anala* ?).	3878	690	952	5	21 March (81)	* 776	1	25 Feb. (56)	4
51	*Piṅgala* ..	3879	700	953	6	21 March (80)	777	0	15 March (74)	
52	*Kālayukta* ..	3880	701	954	0	21 March (80)	778	4	4 March (63)	
53	*Siddhārthi* ..	3881	702	955	2	22 March (81)	779	1	21 Feb. (52)	2
54	*Raudra, Raudri*.	3882	703	956	3	21 March (81)	* 780	0	11 March (71)	
55	*Durmati* ..	3883	704	957	4	21 March (80)	781	5	1 March (60)	7
56	*Dundubhi* ..	3884	705	958	5	21 March (80)	782	4	20 March (79)	
57	*Rudhirodgāri*. ..	3885	706	959	0	22 March (81)	783	1	9 March (68)	
58	*Raktākshi* ‖ ..	3886	707	960	1	21 March (81)	* 784	5	26 Feb. (57)	4
59	*Krodhana* ..	3887	708	961	2	21 March (80)	785	4	16 March (75)	
60	*Kshaya* ** ..	3888	709	962	3	21 March (80)	786	2	6 March (65)	

* Hemalamba, Hemalambi.
† Vilamba.
‡ Śobhana.
§ Virodhakṛit, Virodhyadikṛit.
¶ Pramādicha.
‖ Raktāksha.
** Akshaya.

(a) Pushya (10) is suppressed.

Cyclic Year.		Concurrent Year.		Âṇḍu commencing in the Kali Yuga and Śaka Year.	Commencement					
					Of the Solar Year (Tamiḻ).			Of the Luni-solar Year (Telugu).		
Serial Number.	Name.	Kali Yuga.	Śaka.		Ferial Number.	Date in the English Calendar.	English Year.	Ferial Number.	Date in the English Calendar.	Repeated Month.
1	2	3	4	5	6	7	8	0	10	11
1	Prabhava ..	3889	710	963	5	22 March (81)	787	6	23 Feb. (54)	3
2	Vibhava ..	3890	711	964	6	21 March (81)	* 788	5	13 March (73)	
3	Śukla ..	3891	712	965	0	21 March (80)	789	2	2 March (61)	8(a)
4	Pramoda* ..	3892	713	966	1	21 March (80)	790	0	20 Feb. (51)	1
5	Prajāpati † ..	3893	714	967	3	22 March (81)	791	5	10 March (69)	
6	Āngirasa ..	3894	715	968	4	21 March (81)	* 792	3	28 Feb. (59)	5
7	Śrīmukha ..	3895	716	969	5	21 March (80)	793	2	18 March (77)	
8	Bhāva ..	3896	717	970	6	21 March (80)	794	6	7 March (66)	
9	Yuva ..	3897	718	971	1	22 March (81)	795	3	24 Feb. (55)	4
10	Dhātu ‡ ..	3898	719	972	2	21 March (81)	* 796	2	14 March (74)	
11	Īśvara ..	3899	720	973	3	21 March (80)	797	0	4 March (63)	
12	Bahudhānya ..	3900	721	974	4	21 March (80)	798	4	21 Feb. (52)	2
13	Pramādi § ..	3901	722	975	6	22 March (91)	799	3	12 March (71)	
14	Vikrama ..	3902	723	976	0	21 March (81)	* 800	0	29 Feb. (60)	7
15	Vishu ¶ ..	3903	724	977	1	21 March (80)	801	6	19 March (78)	
16	Chitrabhānu ..	3904	725	978	2	21 March (80)	802	4	9 March (68)	
17	Svabhānu ‖ ..	3905	726	979	4	22 March (81)	803	1	26 Feb. (57)	4
18	Tāraṇa ..	3906	727	980	5	21 March (81)	* 804	0	16 March (76)	
19	Pārthiva ..	3907	728	981	6	21 March (80)	805	4	5 March (64)	
20	Vyaya ..	3908	729	982	1	22 March (81)	806	2	23 Feb. (54)	3
21	Sarvajit ..	3909	730	983	2	22 March (81)	807	1	14 March (73)	
22	Sarvadhāri ..	3910	731	984	3	21 March (81)	* 808	5	2 March (62)	8(a) & 12
23	Virodhi ..	3911	732	985	4	21 March (80)	809	4	21 March (80)	
24	Vikṛiti ** ..	3912	733	986	6	22 March (81)	810	1	10 March (69)	
25	Khara ..	3913	734	987	0	22 March (81)	811	6	28 Feb. (59)	5
26	Nandana ..	3914	735	988	1	21 March (81)	* 812	4	17 March (77)	
27	Vijaya ..	3915	736	989	2	21 March (80)	813	2	7 March (66)	
28	Jaya ..	3916	737	990	4	22 March (81)	814	6	24 Feb. (55)	4
29	Manmatha ..	3917	738	991	5	22 March (81)	815	5	15 March (74)	
30	Durmukhi ..	3918	739	992	6	21 March (81)	* 816	2	3 March (63)	

* Pramodūta.
† Prajotpatti (?).
‡ Dhatṛi ?.
§ Pramāthin.
¶ Vrishabha ? Bhṛiśya.
‖ Subhanu.
** Vikṛita.

(a) Mārgaśira (9) is suppressed.

Cyclic Year.		Concurrent Year.		Ahargaṇa commencing in the Kali Yuga and Śaka Year.	Commencement					
					Of the Solar Year (Tamiḻ).			Of the Luni-solar Year (Telugu).		
Serial Number.	Name.	Kali Yuga.	Śaka.		Ferial Number.	Date in the English Calendar.	English Year.	Ferial Number.	Date in the English Calendar.	Repeated Month.
1	2	3	4	5	6	7	8	9	10	11
31	Hevilamba * ..	3919	740	993	0	21 March (80)	**817**	0	21 Feb. (52)	2
32	Vilambi † ..	3920	741	994	2	22 March (81)	**818**	6	12 March (71)	
33	Vikāri ..	3921	742	995	3	22 March (81)	**819**	3	1 March (60)	6
34	Śarvari ..	3922	743	996	4	21 March (81)	* **820**	2	19 March (79)	
35	Plava ..	3923	744	997	5	21 March (80)	**821**	6	8 March (67)	
36	Śubhakṛit ..	3924	745	998	0	22 March (81)	**822**	4	26 Feb. (57)	4
37	Śobhakṛit ‡ ..	3925	746	999	1	22 March (81)	**823**	3	17 March (76)	
38	Krodhi ..	3926	747	1000	2	21 March (81)	* **824**	0	5 March (65)	
39	Viśvāvasu ..	3927	748	1	3	21 March (80)	**825**	4	22 Feb. (53)	3
40	Parābhava ..	3928	749	2	5	22 March (81)	**826**	3	13 March (72)	
41	Plavaṅga ..	3929	750	3	6	22 March (81)	**827**	1	3 March (62)	7
42	Kīlaka ..	3930	751	4	0	21 March (81)	* **828**	6	20 March (80)	
43	Saumya ..	3931	752	5	1	21 March (80)	**829**	4	10 March (69)	
44	Sādhāraṇa ..	3932	753	6	3	22 March (81)	**830**	1	27 Feb. (58)	5
45	Virodhikṛit § ..	3933	754	7	4	22 March (81)	**831**	0	18 March (77)	
46	Paridhāvi ..	3934	755	8	5	21 March (81)	* **832**	4	6 March (66)	
47	Pramādi ¶ ..	3935	756	9	0	22 March (81)	**833**	2	24 Feb. (55)	3
48	Ānanda ..	3936	757	10	1	22 March (81)	**834**	1	15 March (74)	
49	Rākshasa ..	3937	758	11	2	22 March (81)	**835**	5	4 March (63)	
50	Nala (Anala ?).	3938	759	12	3	21 March (81)	* **836**	2	21 Feb. (52)	2
51	Piṅgala ..	3939	760	13	5	22 March (81)	**837**	1	11 March (70)	
52	Kālayukta ..	3940	761	14	6	22 March (81)	**838**	6	1 March (60)	6
53	Siddhārthi ..	3941	762	15	0	22 March (81)	**839**	5	20 March (79)	
54	Raudra, Raudri.	3942	763	16	1	21 March (81)	* **840**	2	8 March (68)	
55	Durmati ..	3943	764	17	3	22 March (81)	**841**	6	25 Feb. (56)	4
56	Dundubhi ..	3944	765	18	4	22 March (81)	**842**	5	16 March (75)	
57	Rudhirodgāri ..	3945	766	19	5	22 March (81)	**843**	3	6 March (65)	
58	Raktākshi ‖ ..	3946	767	20	6	21 March (81)	* **844**	0	23 Feb. (54)	3
59	Krodhana ..	3947	768	21	1	22 March (81)	**845**	6	13 March (72)	
60	Kshaya ** ..	3948	769	22	2	22 March (81)	**846**	3	2 March (61)	7

* Hemalamba, Hemalambi.
† Vilamba.
‡ Śobhana.
§ Virodhakṛit, Virodhyadikṛit.
¶ Pramādicha.
‖ Raktaksha.
** Akshaya.

Serial Number	Cyclic Year. Name.	Concurrent Year. Kali Yuga.	Śaka.	Apdu commencing in the Kali Yuga and Śaka Year.	Ferial Number.	Commencement Of the Solar Year (Tamil). Date in the English Calendar.	English Year.	Ferial Number.	Of the Luni-solar Year (Telugu). Date in the English Calendar.	Repeated Month.
1	2	3	4	5	6	7	8	9	10	11
1	Prabhava	3949	770	23	3	22 March (81)	847	2	21 March (80)	
2	Vibhava	3950	771	24	4	21 March (81)	*848	0	10 March (70)	
3	Śukla	3951	772	25	6	22 March (81)	849	4	27 Feb. (58)	5
4	Pramoda *	3952	773	26	0	22 March (81)	850	3	18 March (77)	
5	Prajāpati †	3953	774	27	1	22 March (81)	851	0	7 March (66)	
6	Āṅgirasa	3954	775	28	2	21 March (81)	*852	5	25 Feb. (56)	3
7	Śrīmukha	3955	776	29	4	22 March (81)	853	3	14 March (73)	
8	Bhāva	3956	777	30	5	22 March (81)	854	1	4 March (63)	
9	Yuva	3957	778	31	6	22 March (81)	855	5	21 Feb. (52)	2
10	Dhātu ‡	3958	779	32	0	21 March (81)	*856	4	11 March (71)	
11	Īśvara	3959	780	33	2	22 March (81)	857	1	28 Feb. (59)	6
12	Bahudhānya	3960	781	34	3	22 March (81)	858	0	19 March (78)	
13	Pramādi §	3961	782	35	4	22 March (81)	859	5	9 March (68)	
14	Vikrama	3962	783	36	5	21 March (81)	*860	2	26 Feb. (57)	4
15	Vishu ¶	3963	784	37	0	22 March (81)	861	1	16 March (75)	
16	Chitrabhānu	3964	785	38	1	22 March (81)	862	5	5 March (64)	
17	Svabhānu ‖	3965	786	39	2	22 March (81)	863	3	23 Feb. (54)	3
18	Tāraṇa	3966	787	40	4	22 March (82)	*864	2	13 March (73)	
19	Pārthiva	3967	788	41	5	22 March (81)	865	6	2 March (61)	7
20	Vyaya	3968	789	42	6	22 March (81)	866	5	21 March (80)	
21	Sarvajit	3969	790	43	0	22 March (81)	867	2	10 March (69)	
22	Sarvadhāri	3970	791	44	2	22 March (82)	*868	0	28 Feb. (59)	5
23	Virodhi	3971	792	45	3	22 March (81)	869	5	17 March (76)	
24	Vikṛiti **	3972	793	46	4	22 March (81)	870	3	7 March (66)	
25	Khara	3973	794	47	5	22 March (81)	871	0	24 Feb. (55)	3
26	Nandana	3974	795	48	0	22 March (82)	*872	6	14 March (74)	
27	Vijaya	3975	796	49	1	22 March (81)	873	3	3 March (62)	
28	Jaya	3976	797	50	2	22 March (81)	874	1	21 Feb. (52)	1
29	Manmatha	3977	798	51	3	22 March (81)	875	0	12 March (71)	
30	Durmukhi	3978	799	52	5	22 March (82)	*876	4	29 Feb. (60)	6

* Pramodūta.
† Prajotpatti (?).
‡ Dhatṛi ?.
§ Pramāthin.
¶ Vrishabha ? Bhṛiśya.
‖ Subhānu.
** Vikṛita.

Cyclic Year.		Concurrent Year.		Āṇḍu commencing in the Kali Yuga and Śaka Year.	Commencement					
					Of the Solar Year (Tamiḻ).			Of the Luni-solar Year (Telugu).		
Serial Number.	Name.	Kali Yuga.	Śaka.		Ferial Number.	Date in the English Calendar.	English Year.	Ferial Number	Date in the English Calendar.	Repeated Month.
1	2	3	4	5	6	7	8	9	10	11
31	Hevilamba * ..	3979	800	53	6	22 March (81)	877	3	19 March (78)	
32	Vilambi † ..	3980	801	54	0	22 March (81)	878	0	8 March (67)	
33	Vikāri ..	3981	802	55	1	22 March (81)	879	5	26 Feb. (57)	4
34	Śarvari ..	3982	803	56	3	22 March (82)	* 880	4	16 March (76)	
35	Plava ..	3983	804	57	4	22 March (81)	881	1	5 March (64)	
36	Śubhakṛit ..	3984	805	58	5	22 March (81)	882	5	22 Feb. (53)	2
37	Śobhakṛit ‡ ..	3985	806	59	6	22 March (81)	883	4	13 March (72)	
38	Krodhi ..	3986	807	60	1	22 March (82)	* 884	2	2 March (62)	7
39	Viśvāvasu ..	3987	808	61	2	22 March (81)	885	1	21 March (80)	
40	Parābhava ..	3988	809	62	3	22 March (81)	886	5	10 March (69)	
41	Plavaṅga ..	3989	810	63	4	22 March (81)	887	2	27 Feb. (58)	5
42	Kīlaka ..	3990	811	64	6	22 March (82)	* 888	1	17 March (77)	
43	Saumya ..	3991	812	65	0	22 March (81)	889	6	7 March (66)	
44	Sādhāraṇa ..	3992	813	66	1	22 March (81)	890	3	24 Feb. (55)	3
45	Virodhikṛit § ..	3993	814	67	3	23 March (82)	891	2	15 March (74)	
46	Paridhāvi ..	3994	815	68	4	22 March (82)	* 892	6	3 March (63)	8 (a)
47	Pramādi ¶ ..	3995	816	69	5	22 March (81)	893	4	21 Feb. (52)	1
48	Ānanda ..	3996	817	70	6	22 March (81)	894	2	11 March (70)	
49	Rākshasa ..	3997	818	71	1	23 March (82)	895	0	1 March (60)	5
50	Nala (Anala ?)	3998	819	72	2	22 March (82)	* 896	6	19 March (79)	
51	Piṅgala ..	3999	820	73	3	22 March (81)	897	3	8 March (67)	
52	Kālayukta ..	4000	821	74	4	22 March (81)	898	0	25 Feb. (56)	4
53	Siddhārthi ..	4001	822	75	6	23 March (82)	899	6	16 March (75)	
54	Raudra, Raudri.	4002	823	76	0	22 March (82)	* 900	4	5 March (65)	
55	Durmati ..	4003	824	77	1	22 March (81)	901	1	22 Feb. (53)	2
56	Dundubhi ..	4004	825	78	2	22 March (81)	902	0	13 March (72)	
57	Rudhirodgāri ..	4005	826	79	4	23 March (82)	903	4	2 March (61)	7
58	Raktākshi ‖ ..	4006	827	80	5	22 March (82)	* 904	3	20 March (80)	
59	Krodhana ..	4007	828	81	6	22 March (81)	905	1	10 March (69)	
60	Kshaya ** ..	4008	829	82	0	22 March (81)	906	5	27 Feb. (58)	5

* Hemalamba, Hemalambi.
† Vilamba.
‡ Śobhana.
§ Virodhakṛit, Virodhyadikṛit.
¶ Pramādicha.
‖ Raktāksha.
** Akshaya.

(a) Margaśira (9) is suppressed.

Cyclic Year.		Concurrent Year.		Āṇdu commencing in the Kali Yuga and Śaka Year.	Commencement					
					Of the Solar Year (Tamil).			Of the Luni-solar Year (Telugu).		
Serial Number.	Name.	Kali Yuga.	Śaka.		Ferial Number.	Date in the English Calendar.	English Year.	Ferial Number.	Date in the English Calendar.	Repeated Month.
1	2	3	4	5	6	7	8	9	10	11
1	Prabhava ..	4009	830	83	2	23 March (82)	**907**	4	18 March (77)	
2	Vibhava ..	4010	831	84	3	22 March (82)	* **908**	1	6 March (66)	
3	Śukla ..	4011	832	85	4	22 March (81)	**909**	6	24 Feb. (55)	3
4	Pramoda * ..	4012	833	86	5	22 March (81)	**910**	4	14 March (73)	
5	Prajāpati † ..	4013	834	87	0	23 March (82)	**911**	2	4 March (63)	
6	Āṅgirasa ..	4014	835	88	1	22 March (82)	* **912**	6	21 Feb. (52)	1
7	Śrímukha ..	4015	836	89	2	22 March (81)	**913**	5	11 March (70)	
8	Bhāva ..	4016	837	90	3	22 March (81)	**914**	2	28 Feb. (59)	5
9	Yuva ..	4017	838	91	5	23 March (82)	**915**	1	19 March (78)	
10	Dhātu ‡ ..	4018	839	92	6	22 March (82)	* **916**	6	8 March (68)	
11	Īśvara ..	4019	840	93	0	22 March (81)	**917**	3	25 Feb. (56)	4
12	Bahudhānya ..	4020	841	94	1	22 March (81)	**918**	2	16 March (75)	
13	Pramādi § ..	4021	842	95	3	23 March (82)	**919**	6	5 March (64)	
14	Vikrama ..	4022	843	96	4	22 March (82)	* **920**	4	23 Feb. (54)	2
15	Vishu ¶ ..	4023	844	97	5	22 March (81)	**921**	3	13 March (72)	
16	Chitrabhānu ..	4024	845	98	0	23 March (82)	**922**	0	2 March (61)	6
17	Svabhānu ‖ ..	4025	846	99	1	23 March (82)	**923**	6	21 March (80)	
18	Tāraṇa ..	4026	847	100	2	22 March (82)	* **924**	3	9 March (69)	
19	Pārthiva ..	4027	848	101	3	22 March (81)	**925**	1	27 Feb. (58)	5
20	Vyaya ..	4028	849	102	5	23 March (82)	**926**	0	18 March (77)	
21	Sarvajit ..	4029	850	103	6	23 March (82)	**927**	4	7 March (66)	
22	Sarvadhāri ..	4030	851	104	0	22 March (82)	* **928**	1	24 Feb. (55)	2
23	Virodhi ..	4031	852	105	1	22 March (81)	**929**	0	14 March (73)	
24	Vikṛiti ** ..	4032	853	106	3	23 March (82)	**930**	5	4 March (63)	8 (a)
25	Khara ..	4033	854	107	4	23 March (82)	**931**	2	21 Feb. (52)	1
26	Nandana ..	4034	855	108	5	22 March (82)	* **932**	1	11 March (71)	
27	Vijaya ..	4035	856	109	6	22 March (81)	**933**	5	28 Feb. (59)	5
28	Jaya ..	4036	857	110	1	23 March (82)	**934**	4	19 March (78)	
29	Manmatha ..	4037	858	111	2	23 March (82)	**935**	1	8 March (67)	
30	Durmukhi ..	4038	859	112	3	22 March (82)	* **936**	6	26 Feb. (57)	4

* Pramodūta.
† Prajotpatti (?).
‡ Dhātṛi ?.
§ Pramāthin.
¶ Vṛishabha ? Bhṛiśya.
‖ Subhānu.
** Vikṛita.

(a) Pushya (10) is suppressed.

Cyclic Year.		Concurrent Year.		Āṇḍu commencing in the Kali Yuga and Śaka Year.	Commencement					
					Of the Solar Year (Tamil).			Of the Luni-solar Year (Telugu).		
Serial Number.	Name.	Kali Yuga.	Śaka.		Ferial Number.	Date in the English Calendar.	English Year.	Ferial Number.	Date in the English Calendar.	Repeated Month.
1	2	3	4	5	6	7	8	9	10	11
31	Hevilamba * ..	4039	860	113	4	22 March (81)	937	5	16 March (75)	
32	Vilambi† ..	4040	861	114	6	23 March (82)	938	2	5 March (64)	
33	Vikāri ..	4041	862	115	0	23 March (82)	939	6	22 Feb. (53)	2
34	Śarvari ..	4042	863	116	1	22 March (82)	* 940	5	12 March (72)	
35	Plava ..	4043	864	117	2	22 March (81)	941	3	2 March (61)	6
36	Śubhakṛit ..	4044	865	118	4	23 March (82)	942	2	21 March (80)	
37	Śobhakṛit ‡ ..	4045	866	119	5	23 March (82)	943	6	10 March (69)	
38	Krodhi ..	4046	867	120	6	22 March (82)	* 944	3	27 Feb. (58)	4
39	Viśvāvasu ..	4047	868	121	0	22 March (81)	945	2	17 March (76)	
40	Parābhava ..	4048	869	122	2	23 March (82)	946	0	7 March (66)	
41	Plavaṅga ..	4049	870	123	3	23 March (82)	947	4	24 Feb. (55)	3
42	Kīlaka ..	4050	871	124	4	22 March (82)	* 948	3	14 March (74)	
43	Saumya ..	4051	872	125	6	23 March (82)	949	0	3 March (62)	8(a)
44	Sādhāraṇa ..	4052	873	126	0	23 March (82)	950	5	21 Feb. (52)	1
45	Virodhikṛit § ..	4053	874	127	1	23 March (82)	951	4	12 March (71)	
46	Paridhāvi ..	4054	875	128	2	22 March (82)	* 952	1	29 Feb. (60)	5
47	Pramādi ¶ ..	4055	876	129	4	23 March (82)	953	0	19 March (78)	
48	Ānanda ..	4056	877	130	5	23 March (82)	954	4	8 March (67)	
49	Rākshasa ..	4057	878	131	6	23 March (82)	955	2	26 Feb. (57)	4
50	Nala (Anala?) ..	4058	879	132	0	22 March (82)	* 956	0	15 March (75)	
51	Piṅgala ..	4059	880	133	2	23 March (82)	957	5	5 March (64)	
52	Kālayukta ..	4060	881	134	3	23 March (82)	958	2	22 Feb. (53)	2
53	Siddhārthi ..	4061	882	135	4	23 March (82)	959	1	13 March (72)	
54	Raudra, Raudri.	4062	883	136	5	22 March (82)	* 960	5	1 March (61)	6
55	Durmati ..	4063	884	137	0	23 March (82)	961	4	20 March (79)	
56	Dundubhi ..	4064	885	138	1	23 March (82)	962	2	10 March (69)	
57	Rudhirodgāri ..	4065	886	139	2	23 March (82)	963	6	27 Feb. (58)	4
58	Raktākshi ‖ ..	4066	887	140	3	22 March (82)	* 964	5	17 March (77)	
59	Krodhana ..	4067	888	141	5	23 March (82)	965	2	6 March (65)	
60	Kshaya ** ..	4068	889	142	6	23 March (82)	966	0	24 Feb. (55)	3

* Hemalamba, Hemalambi.
† Vilamba.
‡ Śobhana.
§ Virodhakṛit, Virodhyadikṛit.
¶ Pramādicha.
‖ Raktāksha.
** Akshaya.

(a) Pushya (10) is suppressed.

Cyclic Year.		Concurrent Year.		Āṇḍu commencing in the Kali Yuga and Śaka Year.	Commencement					
					Of the Solar Year (Tamil).			Of the Luni-solar Year (Telugu).		
Serial Number.	Name.	Kali Yuga.	Śaka.		Ferial Number.	Date in the English Calendar.	English Year.	Ferial Number.	Date in the English Calendar.	Repeated Month.
1	2	3	4	5	6	7	8	9	10	11
1	Prabhava ..	4069	890	143	0	23 March (82)	967	6	15 March (74)	
2	Vibhava ..	4070	891	144	1	22 March (82)	* 968	3	3 March (63)	8
3	Śukla ..	4071	892	145	3	23 March (82)	969	2	22 March (81)	
4	Pramoda * ..	4072	893	146	4	23 March (82)	970	6	11 March (70)	
5	Prajāpati † ..	4073	894	147	5	23 March (82)	971	4	1 March (60)	5
6	Āṅgirasa ..	4074	895	148	6	22 March (82)	* 972	2	18 March (78)	
7	Śrīmukha ..	4075	896	149	1	23 March (82)	973	0	8 March (67)	
8	Bhāva ..	4076	897	150	2	23 March (82)	974	4	25 Feb. (56)	4
9	Yuva ..	4077	898	151	3	23 March (82)	975	3	16 March (75)	
10	Dhātu ‡ ..	4078	899	152	4	22 March (82)	* 976	0	4 March (64)	
11	Īśvara ..	4079	900	153	6	23 March (82)	977	5	22 Feb. (53)	1
12	Bahudhānya ..	4080	901	154	0	23 March (82)	978	4	13 March (72)	
13	Pramādi § ..	4081	902	155	1	23 March (82)	979	1	2 March (61)	6
14	Vikrama ..	4082	903	156	3	23 March (83)	* 980	0	20 March (80)	
15	Vishu ¶ ..	4083	904	157	4	23 March (82)	981	4	9 March (68)	
16	Chitrabhānu ..	4084	905	158	5	23 March (82)	982	2	27 Feb. (58)	4
17	Svabhānu ‖ ..	4085	906	159	6	23 March (82)	983	1	18 March (77)	
18	Tāraṇa ..	4086	907	160	1	23 March (83)	* 984	5	6 March (66)	
19	Pārthiva ..	4087	908	161	2	23 March (82)	985	2	23 Feb. (54)	2
20	Vyaya ..	4088	909	162	3	23 March (82)	986	1	14 March (73)	
21	Sarvajit ..	4089	910	163	4	23 March (82)	987	6	4 March (63)	7
22	Sarvadhāri ..	4090	911	164	6	23 March (83)	* 988	5	22 March (82)	
23	Virodhi ..	4091	912	165	0	23 March (82)	989	2	11 March (70)	
24	Vikṛiti ** ..	4092	913	166	1	23 March (82)	990	6	28 Feb. (59)	5
25	Khara ..	4093	914	167	2	23 March (82)	991	5	19 March (78)	
26	Nandana ..	4094	915	168	4	23 March (83)	* 992	3	8 March (68)	
27	Vijaya ..	4095	916	169	5	23 March (82)	993	0	25 Feb. (56)	3
28	Jaya ..	4096	917	170	6	23 March (82)	994	6	16 March (75)	
29	Manmatha ..	4097	918	171	0	23 March (82)	995	3	5 March (64)	
30	Durmukhi ..	4098	919	172	2	23 March (83)	* 996	1	23 Feb. (54)	1

* Pramodota.
† Prajotpatti (?).
‡ Dhātṛi ?.
§ Pramathin.
¶ Vrishabha ? Bhṛiśya.
‖ Subhānu.
** Vikṛita.

Cyclic Year.		Concurrent Year.		Ându commencing in the Kali Yuga and Śaka Year.	Commencement					
					Of the Solar Year (Tamil).			Of the Luni-solar Year (Telugu).		
Serial Number.	Name.	Kali Yuga.	Śaka.		Ferial Number.	Date in the English Calendar.	English Year.	Ferial Number	Date in the English Calendar.	Repeated Month.
1	2	3	4	5	6	7	8	9	10	11
31	Hevilamba * ..	4099	920	173	3	23 March (82)	997	6	12 March (71)	
32	Vilambi † ..	4100	921	174	4	23 March (82)	998	4	2 March (61)	5
33	Vikāri ..	4101	922	175	5	23 March (82)	999	3	21 March (80)	
34	Śarvari ..	4102	923	176	0	23 March (83)	*1000	0	9 March (69)	
35	Plava ..	4103	924	177	1	23 March (82)	1001	4	26 Feb. (57)	4
36	Śubhakṛit ..	4104	925	178	2	23 March (82)	1002	3	17 March (76)	
37	Śobhakṛit ‡ ..	4105	926	179	3	23 March (82)	1003	1	7 March (66)	
38	Krodhi ..	4106	927	180	5	23 March (83)	*1004	5	24 Feb. (55)	3
39	Viśvāvasu ..	4107	928	181	6	23 March (82)	1005	4	14 March (73)	
40	Parābhava ..	4108	929	182	0	23 March (82)	1006	1	3 March (62)	6
41	Plavaṅga ..	4109	930	183	2	24 March (83)	1007	0	22 March (81)	
42	Kīlaka ..	4110	931	184	3	23 March (83)	*1008	5	11 March (71)	
43	Saumya ..	4111	932	185	4	23 March (82)	1009	2	28 Feb. (59)	5
44	Sādhāraṇa ..	4112	933	186	5	23 March (82)	1010	1	19 March (78)	
45	Virodhikṛit § ..	4113	934	187	0	24 March (83)	1011	5	8 March (67)	
46	Paridhāvi ..	4114	935	188	1	23 March (83)	*1012	3	26 Feb. (57)	3
47	Pramādi ¶ ..	4115	936	189	2	23 March (82)	1013	1	15 March (74)	
48	Ánanda ..	4116	937	190	3	23 March (82)	1014	6	5 March (64)	
49	Rākshasa ..	4117	938	191	5	24 March (83)	1015	3	22 Feb. (53)	1
50	Nala (Ánala?) ..	4118	939	192	6	23 March (83)	*1016	2	12 March (72)	
51	Piṅgala ..	4119	940	193	0	23 March (82)	1017	6	1 March (60)	5
52	Kālayukta ..	4120	941	194	1	23 March (82)	1018	5	20 March (79)	
53	Siddhārthi ..	4121	942	195	3	24 March (83)	1019	3	10 March (69)	
54	Raudra, Raudri.	4122	943	196	4	23 March (83)	*1020	0	27 Feb. (58)	4
55	Durmati ..	4123	944	197	5	23 March (82)	1021	6	17 March (76)	
56	Dundubhi ..	4124	945	198	6	23 March (82)	1022	3	6 March (65)	
57	Rudhirodgāri ..	4125	946	199	1	24 March (83)	1023	1	24 Feb. (55)	2
58	Raktākshi ‖ ..	4126	947	200	2	23 March (83)	*1024	0	14 March (74)	
59	Krodhana ..	4127	948	201	3	23 March (82)	1025	4	3 March (62)	6
60	Kshaya ** ..	4128	949	202	4	23 March (82)	1026	3	22 March (81)	

* Hemalamba, Hemalambi.
† Vilamba.
‡ Śobhana.
§ Virodhakṛit, Virodhyādikṛit.
¶ Pramādicha.
‖ Raktāksha.
** Akshaya.

Cyclic Year.		Concurrent Year.		Andu commencing in the Kali Yuga and Śaka Year.	Commencement					
					Of the Solar Year (Tamil).			Of the Luni-solar Year (Telugu).		
Serial Number.	Name.	Kali Yuga.	Śaka.		Ferial Number.	Date in the English Calendar.	English Year.	Ferial Number.	Date in the English Calendar.	Repeated Month.
1	2	3	4	5	6	7	8	9	10	11
1	Prabhava ..	4129	950	203	6	24 March (83)	**1027**	0	11 March (70)	
2	Vibhava ..	4130	951	204	0	23 March (83)	***1028**	5	29 Feb. (60)	5
3	Śukla ..	4131	952	205	1	23 March (82)	**1029**	4	19 March (76)	
4	Pramoda * ..	4132	953	206	2	23 March (82)	**1030**	1	8 March (67)	
5	Prajāpati † ..	4133	954	207	4	24 March (83)	**1031**	5	25 Feb. (56)	3
6	Aṅgirasa ..	4134	955	208	5	23 March (83)	***1032**	4	15 March (75)	
7	Śrímukha ..	4135	956	209	6	23 March (82)	**1033**	2	5 March (64)	8 (a)
8	Bhāva ..	4136	957	210	0	23 March (82)	**1034**	6	22 Feb. (53)	1
9	Yuva ..	4137	958	211	2	24 March (83)	**1035**	5	13 March (72)	
10	Dhātu ‡ ..	4138	959	212	3	23 March (83)	***1036**	2	1 March (61)	6
11	Īśvara ..	4139	960	213	4	23 March (82)	**1037**	1	20 March (79)	
12	Bahudhānya ..	4140	961	214	6	24 March (83)	**1038**	5	9 March (68)	
13	Pramādi § ..	4141	962	215	0	24 March (83)	**1039**	3	27 Feb. (58)	4
14	Vikrama ..	4142	963	216	1	23 March (83)	***1040**	2	17 March (77)	
15	Vishu ¶ ..	4143	964	217	2	23 March (82)	**1041**	6	6 March (65)	
16	Chitrabhānu ..	4144	965	218	4	24 March (83)	**1042**	3	23 Feb. (54)	2
17	Svabhānu ‖ ..	4145	966	219	5	24 March (83)	**1043**	2	14 March (73)	
18	Tāraṇa ..	4146	967	220	6	23 March (83)	***1044**	0	3 March (63)	6
19	Pārthiva ..	4147	968	221	0	23 March (82)	**1045**	6	22 March (81)	
20	Vyaya ..	4148	969	222	2	24 March (83)	**1046**	3	11 March (70)	
21	Sarvajit ..	4149	970	223	3	24 March (83)	**1047**	0	28 Feb. (59)	4
22	Sarvadhāri ..	4150	971	224	4	23 March (83)	***1048**	6	18 March (78)	
23	Virodhi ..	4151	972	225	5	23 March (82)	**1049**	4	8 March (67)	
24	Vikṛiti ** ..	4152	973	226	0	24 March (83)	**1050**	1	25 Feb. (56)	3
25	Khara ..	4153	974	227	1	24 March (83)	**1051**	0	16 March (75)	
26	Nandana ..	4154	975	228	2	23 March (83)	***1052**	4	4 March (64)	8 (b)
27	Vijaya ..	4155	976	229	3	23 March (82)	**1053**	2	22 Feb. (53)	1
28	Jaya ..	4156	977	230	5	24 March (83)	**1054**	0	12 March (71)	
29	Manmatha ..	4157	978	231	6	24 March (83)	**1055**	5	2 March (61)	5
30	Durmukhi ..	4158	979	232	0	23 March (83)	***1056**	4	20 March (80)	

* Pramodūta. ‡ Dhatri ?. ¶ Vrishabha ? Bhriśya. ** Vikrita.
† Prajotpatti (?). § Pramathin. ‖ Subhanu.
(a) Pushya (10) is suppressed. (b) Margaśira (9) is suppressed.

Cyclic Year.		Concurrent Year.		Āndu commencing in the Kali Yuga and Śaka Year.	Commencement					
					Of the Solar Year (Tamil).			Of the Luni-solar Year (Telugu).		
Serial Number.	Name.	Kali Yuga.	Śaka.		Ferial Number.	Date in the English Calendar.	English Year.	Ferial Number.	Date in the English Calendar.	Repeated Month.
1	2	3	4	5	6	7	8	9	10	11
31	Hevilamba * ..	4159	980	233	1	23 March (82)	1057	1	9 March (68)	
32	Vilambi † ..	4160	981	234	3	24 March (83)	1058	5	26 Feb. (57)	4
33	Vikāri ..	4161	982	235	4	24 March (83)	1059	4	17 March (76)	
34	Śarvari ..	4162	983	236	5	23 March (83)	*1060	2	6 March (66)	
35	Plava ..	4163	984	237	6	23 March (82)	1061	6	23 Feb. (54)	2
36	Śubhakṛit ..	4164	985	238	1	24 March (83)	1062	5	14 March (73)	
37	Śobhakṛit ‡ ..	4165	986	239	2	24 March (83)	1063	2	3 March (62)	7
38	Krodhi ..	4166	987	240	3	23 March (83)	*1064	1	21 March (81)	
39	Viśvāvasu ..	4167	988	241	5	24 March (83)	1065	6	11 March (70)	
40	Parābhava ..	4168	989	242	6	24 March (83)	1066	3	28 Feb. (59)	4
41	Plavaṅga ..	4169	990	243	0	24 March (83)	1067	2	19 March (78)	
42	Kīlaka ..	4170	991	244	1	23 March (83)	*1068	6	7 March (67)	
43	Saumya ..	4171	992	245	3	24 March (83)	1069	4	25 Feb. (56)	3
44	Sādhāraṇa ..	4172	993	246	4	24 March (83)	1070	3	16 March (75)	
45	Virodhikṛit § ..	4173	994	247	5	24 March (83)	1071	0	5 March (64)	8(a)&12.
46	Paridhāvi ..	4174	995	248	6	23 March (83)	*1072	6	23 March (83)	
47	Pramādi ¶ ..	4175	996	249	1	24 March (83)	1073	3	12 March (71)	
48	Ānanda ..	4176	997	250	2	24 March (83)	1074	1	2 March (61)	5
49	Rākshasa ..	4177	998	251	3	24 March (83)	1075	6	20 March (79)	
50	Nala (Anala?)	4178	999	252	4	23 March (83)	*1076	4	9 March (69)	
51	Piṅgala ..	4179	1000	253	6	24 March (83)	1077	1	26 Feb. (57)	4
52	Kālayukta ..	4180	1001	254	0	24 March (83)	1078	0	17 March (76)	
53	Siddhārthi ..	4181	1002	255	1	24 March (83)	1079	4	6 March (65)	
54	Raudra, Raudri.	4182	1003	256	2	23 March (83)	*1080	2	24 Feb. (55)	2
55	Durmati ..	4183	1004	257	4	24 March (83)	1081	1	14 March (73)	
56	Dundubhi ..	4184	1005	258	5	24 March (83)	1082	5	3 March (62)	6
57	Rudhirodgāri ..	4185	1006	259	6	24 March (83)	1083	4	22 March (81)	
58	Raktākshi ‖ ..	4186	1007	260	0	23 March (83)	*1084	1	10 March (70)	
59	Krodhana ..	4187	1008	261	2	24 March (83)	1085	6	28 Feb. (59)	4
60	Kshaya ** ..	4188	1009	262	3	24 March (83)	1086	5	19 March (78)	

* Hemalamba, Hemalambi.
† Vilamba.
‡ Śobhana.
§ Virodhakṛit, Virodhyadikṛit.
¶ Pramādicha.
‖ Raktāksha.
** Akshaya.

(a) Margaśira (9) is suppressed.

Cyclic Year.		Concurrent Year.		Āṇḍu commencing in the Kali Yuga and Śaka Year.	Commencement					
					Of the Solar Year (Tamiḷ).			Of the Luni-solar Year (Telugu).		
Serial Number.	Name.	Kali Yuga.	Śaka.		Ferial Number.	Date in the English Calendar.	English Year.	Ferial Number.	Date in the English Calendar.	Repeated Month.
1	2	3	4	5	6	7	8	9	10	11
1	Prabhava ..	4189	1010	263	4	24 March (83)	1087	2	8 March (67)	
2	Vibhava ..	4190	1011	264	5	23 March (83)	*1088	6	25 Feb. (56)	3
3	Śukla ..	4191	1012	265	0	24 March (83)	1089	5	15 March (74)	
4	Pramoda * ..	4192	1013	266	1	24 March (83)	1090	3	5 March (64)	7
5	Prajāpati † ..	4193	1014	267	2	24 March (83)	1091	1	23 March (82)	
6	Āṅgirasa ..	4194	1015	268	4	24 March (84)	*1092	6	12 March (72)	
7	Śrīmukha ..	4195	1016	269	5	24 March (83)	1093	3	1 March (60)	5
8	Bhāva ..	4196	1017	270	6	24 March (83)	1094	2	20 March (79)	
9	Yuva ..	4197	1018	271	0	24 March (83)	1095	6	9 March (68)	
10	Dhātu ‡ ..	4198	1019	272	2	24 March (84)	*1096	4	27 Feb. (58)	3
11	Īśvara ..	4199	1020	273	3	24 March (83)	1097	3	17 March (76)	
12	Bahudhānya ..	4200	1021	274	4	24 March (83)	1098	0	6 March (65)	
13	Pramādi § ..	4201	1022	275	5	24 March (83)	1099	4	23 Feb. (54)	2
14	Vikrama ..	4202	1023	276	0	24 March (84)	*1100	3	13 March (73)	
15	Vishu ¶ ..	4203	1024	277	1	24 March (83)	1101	1	3 March (62)	6
16	Chitrabhānu ..	4204	1025	278	2	24 March (83)	1102	0	22 March (81)	
17	Svabhānu ‖ ..	4205	1026	279	3	24 March (83)	1103	4	11 March (70)	
18	Tāraṇa ..	4206	1027	280	5	24 March (84)	*1104	1	28 Feb. (59)	4
19	Pārthiva ..	4207	1028	281	6	24 March (83)	1105	0	18 March (77)	
20	Vyaya ..	4208	1029	282	0	24 March (83)	1106	5	8 March (67)	
21	Sarvajit ..	4209	1030	283	1	24 March (83)	1107	2	25 Feb. (56)	3
22	Sarvadhāri ..	4210	1031	284	3	24 March (84)	*1108	1	15 March (75)	
23	Virodhi ..	4211	1032	285	4	24 March (83)	1109	5	4 March (63)	7
24	Vikṛiti ** ..	4212	1033	286	5	24 March (83)	1110	4	23 March (82)	
25	Khara ..	4213	1034	287	6	24 March (83)	1111	2	13 March (72)	
26	Nandana ..	4214	1035	288	1	24 March (84)	*1112	6	1 March (61)	5
27	Vijaya ..	4215	1036	289	2	24 March (83)	1113	5	20 March (79)	
28	Jaya ..	4216	1037	290	3	24 March (83)	1114	2	9 March (68)	
29	Manmatha ..	4217	1038	291	4	24 March (83)	1115	0	27 Feb. (58)	3
30	Durmukhi ..	4218	1039	292	6	24 March (84)	*1116	5	16 March (76)	

* Pramoduta. † Prajotpatti (?). ‡ Dhātri ?. § Pramathin. ¶ Vrishabha ? Bhṛisya. ‖ Subhānu. ** Vikṛita.

Cyclic Year.		Concurrent Year.		Āṇḍu commencing in the Kali Yuga and Saka Year.	Commencement					
					Of the Solar Year (Tamiḻ).		Of the Luni-solar Year (Telugu).			
Serial Number.	Name.	Kali Yuga.	Śaka.		Ferial Number.	Date in the English Calendar.	English Year.	Ferial Number.	Date in the English Calendar.	Repeated Month.
1	2	3	4	5	6	7	8	9	10	11
31	Hevilamba * ..	4219	1040	293	0	24 March (83)	1117	3	6 March (65)	
32	Vilambi † ..	4220	1041	294	1	24 March (83)	1118	0	23 Feb. (54)	2
33	Vikāri ..	4221	1042	295	2	24 March (83)	1119	6	14 March (73)	
34	Śarvari ..	4222	1043	296	4	24 March (84)	*1120	3	2 March (62)	6
35	Plava ..	4223	1044	297	5	24 March (83)	1121	2	21 March (80)	
36	Śubhakṛit ..	4224	1045	298	6	24 March (83)	1122	0	11 March (70)	
37	Śobhakṛit ‡ ..	4225	1046	299	1	25 March (84)	1123	4	28 Feb. (59)	4
38	Krodhi ..	4226	1047	300	2	24 March (84)	*1124	3	18 March (78)	
39	Viśvāvasu ..	4227	1048	301	3	24 March (83)	1125	0	7 March (66)	
40	Parābhava ..	4228	1049	302	4	24 March (83)	1126	5	25 Feb. (56)	3
41	Plavaṅga ..	4229	1050	303	6	25 March (84)	1127	4	16 March (75)	
42	Kīlaka ..	4230	1051	304	0	24 March (84)	*1128	1	4 March (64)	7
43	Saumya ..	4231	1052	305	1	24 March (83)	1129	0	23 March (82)	
44	Sādhāraṇa ..	4232	1053	306	2	24 March (83)	1130	4	12 March (71)	
45	Virodhikṛit § ..	4233	1054	307	4	25 March (84)	1131	2	2 March (61)	5
46	Paridhāvi ..	4234	1055	308	5	24 March (84)	*1132	0	19 March (79)	
47	Pramādi ¶ ..	4235	1056	309	6	24 March (83)	1133	5	9 March (68)	
48	Ānanda ..	4236	1057	310	0	24 March (83)	1134	2	26 Feb. (57)	3
49	Rākshasa ..	4237	1058	311	2	25 March (84)	1135	1	17 March (76)	
50	Nala (Anala?)	4238	1059	312	3	24 March (84)	*1136	5	5 March (65)	
51	Piṅgala ..	4239	1060	313	4	24 March (83)	1137	3	23 Feb. (54)	1
52	Kālayukta ..	4240	1061	314	5	24 March (83)	1138	2	14 March (73)	
53	Siddhārthi ..	4241	1062	315	0	25 March (84)	1139	6	3 March (62)	6
54	Raudra, Raudri	4242	1063	316	1	24 March (84)	*1140	5	21 March (81)	
55	Durmati ..	4243	1064	317	2	24 March (83)	1141	2	10 March (69)	
56	Dundubhi ..	4244	1065	318	3	24 March (83)	1142	0	28 Feb. (59)	4
57	Rudhirodgāri ..	4245	1066	319	5	25 March (84)	1143	6	19 March (78)	
58	Raktākshi ‖ ..	4246	1067	320	6	24 March (84)	*1144	3	7 March (67)	
59	Krodhana ..	4247	1068	321	0	24 March (83)	1145	0	24 Feb. (55)	2
60	Kshaya ** ..	4248	1069	322	1	24 March (83)	1146	6	15 March (74)	

* Hemalamba, Hemalambi.
† Vilamba.
‡ Śobhana.
§ Virodhakṛit, Virodhyādikṛit.
¶ Pramādicha.
‖ Raktāksha.
** Akshaya.

Cyclic Year.		Concurrent Year.		Aṇḍu commencing in the Kali Yuga and Saka Year.	Commencement					
					Of the Solar Year (Tamiḻ).			Of the Luni-solar Year (Telugu).		
Serial Number.	Name.	Kali Yuga.	Śaka.		Ferial Number.	Date in the English Calendar.	English Year.	Ferial Number.	Date in the English Calendar.	Repeated Month.
1	2	3	4	5	6	7	8	9	10	11
1	Prabhava ..	4249	1070	323	3	25 March (84)	1147	4	5 March (64)	7
2	Vibhava ..	4250	1071	324	4	24 March (84)	*1148	3	23 March (83)	
3	Śukla ..	4251	1072	325	5	24 March (83)	1149	0	12 March (71)	
4	Pramoda * ..	4252	1073	326	0	25 March (84)	1150	4	1 March (60)	5
5	Prajāpati † ..	4253	1074	327	1	25 March (84)	1151	3	20 March (79)	
6	Āṅgirasa ..	4254	1075	328	2	24 March (84)	*1152	1	9 March (69)	
7	Śrīmukha ..	4255	1076	329	3	24 March (83)	1153	5	26 Feb. (57)	3
8	Bhāva ..	4256	1077	330	5	25 March (84)	1154	4	17 March (76)	
9	Yuva ..	4257	1078	331	6	25 March (84)	1155	1	6 March (65)	8 (a)
10	Dhātu ‡ ..	4258	1079	332	0	24 March (84)	*1156	6	24 Feb. (55)	1
11	Īśvara ..	4259	1080	333	1	24 March (83)	1157	4	13 March (72)	
12	Bahudhānya ..	4260	1081	334	3	25 March (84)	1158	2	3 March (62)	5
13	Pramādi § ..	4261	1082	335	4	25 March (84)	1159	1	22 March (81)	
14	Vikrama ..	4262	1083	336	5	24 March (84)	*1160	5	10 March (70)	
15	Vishu ¶ ..	4263	1084	337	6	24 March (83)	1161	2	27 Feb. (58)	4
16	Chitrabhānu ..	4264	1085	338	1	25 March (84)	1162	1	18 March (77)	
17	Svabhānu ‖ ..	4265	1086	339	2	25 March (84)	1163	6	8 March (67)	
18	Tāraṇa ..	4266	1087	340	3	24 March (84)	*1164	3	25 Feb. (56)	2
19	Pārthiva ..	4267	1088	341	4	24 March (83)	1165	2	15 March (74)	
20	Vyaya ..	4268	1089	342	6	25 March (84)	1166	6	4 March (63)	7
21	Sarvajit ..	4269	1090	343	0	25 March (84)	1167	5	23 March (82)	
22	Sarvadhāri ..	4270	1091	344	1	24 March (84)	*1168	3	12 March (72)	
23	Virodhi ..	4271	1092	345	2	24 March (83)	1169	0	1 March (60)	5
24	Vikṛiti ** ..	4272	1093	346	4	25 March (84)	1170	6	20 March (79)	
25	Khara ..	4273	1094	347	5	25 March (84)	1171	3	9 March (68)	
26	Nandana ..	4274	1095	348	6	24 March (84)	*1172	1	27 Feb. (58)	3
27	Vijaya ..	4275	1096	349	0	24 March (83)	1173	0	17 March (76)	
28	Jaya ..	4276	1007	350	2	25 March (84)	1174	4	6 March (65)	8(a) & 12
29	Manmatha ..	4277	1098	351	3	25 March (84)	1175	3	25 March (84)	
30	Durmukhi ..	4278	1099	352	4	24 March (84)	*1176	0	13 March (73)	

* Pramodūta.
† Prajotpatti (?).
‡ Dhatṛi ?.
§ Pramāthin.
¶ Vrishabha ? Bhṛiśya.
‖ Subhānu.
** Vikṛita.

(a) Mārgaśira (9) is suppressed.

Cyclic Year.		Concurrent Year.		Āṇḍu commencing in the Kali Yuga and Śaka Year.	Commencement					
					Of the Solar Year (Tamiḷ).			Of the Luni-solar Year (Telugu).		
Serial Number.	Name.	Kali Yuga.	Śaka.		Ferial Number.	Date in the English Calendar.	English Year.	Ferial Number.	Date in the English Calendar.	Repeated Month.
1	2	3	4	5	6	7	8	9	10	11
31	Hevilamba * ..	4279	1100	353	5	24 March (83)	1177	5	3 March (62)	5
32	Vilambi † ..	4280	1101	354	0	25 March (84)	1178	3	21 March (80)	
33	Vikāri ..	4281	1102	355	1	25 March (84)	1179	1	11 March (70)	
34	Śarvari ..	4282	1103	356	2	24 March (84)	*1180	5	28 Feb. (59)	4
35	Plava ..	4283	1104	357	4	25 March (84)	1181	4	18 March (77)	
36	Śubhakṛit ..	4284	1105	358	5	25 March (84)	1182	1	7 March (66)	
37	Sobhakṛit ‡ ..	4285	1106	359	6	25 March (84)	1183	6	25 Feb. (56)	2
38	Krodhi ..	4286	1107	360	0	24 March (84)	*1184	5	15 March (75)	
39	Viśvāvasu ..	4287	1108	361	2	25 March (84)	1185	2	4 March (63)	6
40	Parābhava ..	4288	1109	362	3	25 March (84)	1186	1	23 March (82)	
41	Plavaṅga ..	4289	1110	363	4	25 March (84)	1187	5	12 March (71)	
42	Kīlaka ..	4290	1111	364	5	24 March (84)	*1188	3	1 March (61)	5
43	Saumya ..	4291	1112	365	0	25 March (84)	1189	2	20 March (79)	
44	Sādhāraṇa ..	4292	1113	366	1	25 March (84)	1190	6	9 March (68)	
45	Virodhikṛit § ..	4293	1114	367	2	25 March (84)	1191	3	26 Feb. (57)	3
46	Paridhāvi ..	4294	1115	368	3	24 March (84)	*1192	2	16 March (76)	
47	Pramādi ¶ ..	4295	1116	369	5	25 March (84)	1193	0	6 March (65)	7
48	Ānanda ..	4296	1117	370	6	25 March (84)	1194	4	23 Feb. (54)	
49	Rākshasa ..	4297	1118	371	0	25 March (84)	1195	3	14 March (73)	
50	Nala (Anala ?).	4298	1119	372	1	24 March (84)	*1196	0	2 March (62)	5
51	Piṅgala ..	4299	1120	373	3	25 March (84)	1197	6	21 March (80)	
52	Kālayukta ..	4300	1121	374	4	25 March (84)	1198	3	10 March (69)	
53	Siddhārthi ..	4301	1122	375	5	25 March (84)	1199	1	28 Feb. (59)	3
54	Raudra, Raudri	4302	1123	376	6	24 March (84)	*1200	0	18 March (78)	
55	Durmati ..	4303	1124	377	1	25 March (84)	1201	4	7 March (66)	
56	Dundubhi ..	4304	1125	378	2	25 March (84)	1202	1	24 Feb. (55)	2
57	Rudhirodgāri ..	4305	1126	379	3	25 March (84)	1203	0	15 March (74)	
58	Raktākshi ‖ ..	4306	1127	380	4	24 March (84)	*1204	5	4 March (64)	6
59	Krodhana ..	4307	1128	381	6	25 March (84)	1205	4	23 March (82)	
60	Kshaya ** ..	4308	1129	382	0	25 March (84)	1206	1	12 March (71)	

* Hemalamba, Hemalambi.
† Vilamba.
‡ Śobhana.
§ Virodhakṛit, Virodhyadikṛit.
¶ Pramadicha.
‖ Raktāksha.
** Akshaya.

Cyclic Year.		Concurrent Year.		Andu commencing in the Kali Yuga and Śaka Year.	Commencement					
					Of the Solar Year (Tamil).			Of the Luni-solar Year (Telugu).		
Serial Number.	Name.	Kali Yuga.	Śaka.		Ferial Number.	Date in the English Calendar.	English Year.	Ferial Number.	Date in the English Calendar.	Repeated Month.
1	2	3	4	5	6	7	8	9	10	11
1	Prabhava	4309	1130	383	1	25 March (84)	1207	5	1 March (60)	4
2	Vibhava	4310	1131	384	3	25 March (85)	*1208	4	19 March (79)	
3	Śukla	4311	1132	385	4	25 March (84)	1209	2	9 March (68)	
4	Pramoda *	4312	1133	386	5	25 March (84)	1210	6	26 Feb. (57)	3
5	Prajāpati †	4313	1134	387	6	25 March (84)	1211	5	17 March (76)	
6	Āṅgirasa	4314	1135	388	1	25 March (85)	*1212	2	5 March (65)	8(a)
7	Śrīmukha	4315	1136	389	2	25 March (84)	1213	0	23 Feb. (54)	1
8	Bhāva	4316	1137	390	3	25 March (84)	1214	6	14 March (73)	
9	Yuva	4317	1138	391	4	25 March (84)	1215	3	3 March (62)	5
10	Dhātu ‡	4318	1139	392	6	25 March (85)	*1216	2	21 March (81)	
11	Īśvara	4319	1140	393	0	25 March (84)	1217	6	10 March (69)	
12	Bahudhānya	4320	1141	394	1	25 March (84)	1218	4	28 Feb. (59)	4
13	Pramādi §	4321	1142	395	2	25 March (84)	1219	2	18 March (77)	
14	Vikrama	4322	1143	396	4	25 March (85)	*1220	0	7 March (67)	
15	Vishu ¶	4323	1144	397	5	25 March (84)	1221	4	24 Feb. (55)	2
16	Chitrabhānu	4324	1145	398	6	25 March (84)	1222	3	15 March (74)	
17	Svabhānu ‖	4325	1146	399	0	25 March (84)	1223	0	4 March (63)	7
18	Tāraṇa	4326	1147	400	2	25 March (85)	*1224	6	22 March (82)	
19	Pārthiva	4327	1148	401	3	25 March (84)	1225	4	12 March (71)	
20	Vyaya	4328	1149	402	4	25 March (84)	1226	1	1 March (60)	4
21	Sarvajit	4329	1150	403	5	25 March (84)	1227	0	20 March (79)	
22	Sarvadhāri	4330	1151	404	0	25 March (85)	*1228	4	8 March (68)	
23	Virodhi	4331	1152	405	1	25 March (84)	1229	2	26 Feb. (57)	3
24	Vikṛiti **	4332	1153	406	2	25 March (84)	1230	1	17 March (76)	
25	Khara	4333	1154	407	3	25 March (84)	1231	5	6 March (65)	8
26	Nandana	4334	1155	408	5	25 March (85)	*1232	4	24 March (84)	
27	Vijaya	4335	1156	409	6	25 March (84)	1233	1	13 March (72)	
28	Jaya	4336	1157	410	0	25 March (84)	1234	6	3 March (62)	5
29	Manmatha	4337	1158	411	1	25 March (84)	1235	4	21 March (80)	
30	Durmukhi	4338	1159	412	3	25 March (85)	*1236	2	10 March (70)	

* Pramodūta. † Prajotpatti (?). ‡ Dhatṛi ?. § Pramāthin. ¶ Vṛishabha ? Bhṛiśya. ‖ Subhānu. ** Vikṛita.

(a) Pushya (10) is suppressed.

Cyclic Year.		Concurrent Year.		Āṇḍu commencing in the Kali Yuga and Śaka Year.	Commencement					
					Of the Solar Year (Tamil).			Of the Luni-solar Year (Telugu).		
Serial Number.	Name.	Kali Yuga.	Śaka.		Ferial Number.	Date in the English Calendar.	English Year.	Ferial Number.	Date in the English Calendar.	Repeated Month.
1	2	3	4	5	6	7	8	9	10	11
31	Hevilamba * ..	4339	1160	413	4	25 March (84)	1237	6	27 Feb. (58)	4
32	Vilambi † ..	4340	1161	414	5	25 March (84)	1238	5	18 March (77)	
33	Vikāri ..	4341	1162	415	0	26 March (85)	1239	2	7 March (66)	
34	Śarvari ..	4342	1163	416	1	25 March (85)	*1240	0	25 Feb. (56)	1
35	Plava ..	4343	1164	417	2	25 March (84)	1241	6	15 March (74)	
36	Śubhakṛit ..	4344	1165	418	3	25 March (84)	1242	3	4 March (63)	6
37	Śobhakṛit ‡ ..	4345	1166	419	5	26 March (85)	1243	2	23 March (82)	
38	Krodhi ..	4346	1167	420	6	25 March (85)	*1244	6	11 March (71)	
39	Viśvāvasu ..	4347	1168	421	0	25 March (84)	1245	4	1 March (60)	4
40	Parābhava ..	4348	1169	422	1	25 March (84)	1246	3	20 March (79)	
41	Plavaṅga ..	4349	1170	423	3	26 March (85)	1247	0	9 March (68)	
42	Kīlaka ..	4350	1171	424	4	25 March (85)	*1248	4	26 Feb. (57)	2
43	Saumya ..	4351	1172	425	5	25 March (84)	1249	3	16 March (75)	
44	Sādhāraṇa ..	4352	1173	426	6	25 March (84)	1250	1	6 March (65)	7
45	Virodhikṛit § ..	4353	1174	427	1	26 March (85)	1251	0	25 March (84)	
46	Paridhāvi ..	4354	1175	428	2	25 March (85)	*1252	4	13 March (73)	
47	Pramādi ¶ ..	4355	1176	429	3	25 March (84)	1253	1	2 March (61)	5
48	Ānanda ..	4356	1177	430	4	25 March (84)	1254	0	21 March (80)	
49	Rākshasa ..	4357	1178	431	6	26 March (85)	1255	5	11 March (70)	
50	Nala (Anala ?).	4358	1179	432	0	25 March (85)	*1256	2	28 Feb. (59)	3
51	Piṅgala ..	4359	1180	433	1	25 March (84)	1257	1	18 March (77)	
52	Kālayukta ..	4360	1181	434	2	25 March (84)	1258	5	7 March (66)	
53	Siddhārthi ..	4361	1182	435	4	26 March (85)	1259	3	25 Feb. (56)	1
54	Raudra, Raudri.	4362	1183	436	5	25 March (85)	*1260	1	14 March (74)	
55	Durmati ..	4363	1184	437	6	25 March (84)	1261	6	4 March (63)	5
56	Dundubhi ..	4364	1185	438	0	25 March (84)	1262	5	23 March (82)	
57	Rudhirodgāri ..	4365	1186	439	2	26 March (85)	1263	2	12 March (71)	
58	Raktākshi ‖ ..	4366	1187	440	3	25 March (85)	*1264	6	29 Feb. (60)	4
59	Krodhana ..	4367	1188	441	4	25 March (84)	1265	5	19 March (78)	
60	Kshaya ** ..	4368	1189	442	6	26 March (85)	1266	3	9 March (68)	

* Hemalamba, Hemalambi.
† Vilamba.
‡ Śobhana.
§ Virodhakṛit, Virodhyadikṛit.
¶ Pramādicha.
‖ Raktaksha.
** Akshaya.

Cyclic Year.		Concurrent Year.		Āṇḍu commencing in the Kali Yuga and Śaka Year.	Commencement					
					Of the Solar Year (Tamiḻ).			Of the Luni-solar Year (Telugu).		
Serial Number.	Name.	Kali Yuga.	Śaka.		Ferial Number.	Date in the English Calendar.	English Year.	Ferial Number.	Date in the English Calendar.	Repeated Month.
1	2	3	4	5	6	7	8	9	10	11
1	Prabhava ..	4369	1190	443	0	26 March (85)	1267	0	26 Feb. (57)	2
2	Vibhava ..	4370	1191	444	1	25 March (85)	*1268	6	16 March (76)	
3	Śukla ..	4371	1192	445	2	25 March (84)	1269	3	5 March (64)	6
4	Pramoda * ..	4372	1193	446	4	26 March (85)	1270	2	24 March (83)	
5	Prajāpati † ..	4373	1194	447	5	26 March (85)	1271	0	14 March (73)	
6	Āṅgirasa ..	4374	1195	448	6	25 March (85)	*1272	4	2 March (62)	5
7	Śrīmukha ..	4375	1196	449	0	25 March (84)	1273	3	21 March (80)	
8	Bhāva ..	4376	1197	450	2	26 March (85)	1274	0	10 March (69)	
9	Yuva ..	4377	1198	451	3	26 March (85)	1275	5	28 Feb. (59)	3
10	Dhātu ‡ ..	4378	1199	452	4	25 March (85)	*1276	3	17 March (77)	
11	Īśvara ..	4379	1200	453	5	25 March (84)	1277	1	7 March (66)	
12	Bahudhānya ..	4380	1201	454	0	26 March (85)	1278	5	24 Feb. (55)	1
13	Pramādi § ..	4381	1202	455	1	26 March (85)	1279	4	15 March (74)	
14	Vikrama ..	4382	1203	456	2	25 March (85)	*1280	1	3 March (63)	5
15	Vishu ¶ ..	4383	1204	457	3	25 March (84)	1281	0	22 March (81)	
16	Chitrabhānu ..	4384	1205	458	5	26 March (85)	1282	5	12 March (71)	
17	Svabhānu ‖ ..	4385	1206	459	6	26 March (85)	1283	2	1 March (60)	4
18	Tāraṇa ..	4386	1207	460	0	25 March (85)	*1284	1	19 March (79)	
19	Pārthiva ..	4387	1208	461	1	25 March (84)	1285	5	8 March (67)	
20	Vyaya ..	4388	1209	462	3	26 March (85)	1286	3	26 Feb. (57)	2
21	Sarvajit ..	4389	1210	463	4	26 March (85)	1287	2	17 March (76)	
22	Sarvadhāri ..	4390	1211	464	5	25 March (85)	*1288	6	5 March (65)	6
23	Virodhi ..	4391	1212	465	6	25 March (84)	1289	5	24 March (83)	
24	Vikṛiti ** ..	4392	1213	466	1	26 March (85)	1290	2	13 March (72)	
25	Khara ..	4393	1214	467	2	26 March (85)	1291	0	3 March (62)	5
26	Nandana ..	4394	1215	468	3	25 March (85)	*1292	6	21 March (81)	
27	Vijaya ..	4395	1216	469	4	25 March (84)	1293	3	10 March (69)	
28	Jaya ..	4396	1217	470	6	26 March (85)	1294	0	27 Feb. (58)	3
29	Manmatha ..	4397	1218	471	0	26 March (85)	1295	6	18 March (77)	
30	Durmukhi ..	4398	1219	472	1	25 March (85)	*1296	4	7 March (67)	8(a)

* Pramodūta. † Prajotpatti (?). ‡ Dhātri ?. § Pramāthin. ¶ Vṛishabha ? Bhṛiśya. ‖ Subhānu. ** Vikṛita.

(a) Pushya (10) is suppressed.

Cyclic Year.		Concurrent Year.		Andu commencing in the Kali Yuga and Śaka Year.	Commencement					
					Of the Solar Year (Tamil).			Of the Luni-solar Year (Telugu).		
Serial Number.	Name.	Kali Yuga.	Śaka.		Ferial Number.	Date in the English Calendar.	English Year.	Ferial Number.	Date in the English Calendar.	Repeated Month.
1	2	3	4	5	6	7	8	9	10	11
31	Hevilamba * ..	4399	1220	473	3	26 March (85)	**1297**	1	24 Feb. (55)	1
32	Vilambi † ..	4400	1221	474	4	26 March (85)	**1298**	0	15 March (74)	
33	Vikāri ..	4401	1222	475	5	26 March (85)	**1299**	4	4 March (63)	6
34	Śarvari ..	4402	1223	476	6	25 March (85)	***1300**	3	22 March (82)	
35	Plava ..	4403	1224	477	1	26 March (85)	**1301**	0	11 March (70)	
36	Śubhakṛit ..	4404	1225	478	2	26 March (85)	**1302**	5	1 March (60)	4
37	Śobhakṛit ‡ ..	4405	1226	479	3	26 March (85)	**1303**	4	20 March (79)	
38	Krodhi ..	4406	1227	480	4	25 March (85)	***1304**	1	8 March (68)	
39	Viśvāvasu ..	4407	1228	481	6	26 March (85)	**1305**	5	25 Feb. (56)	2
40	Parābhava ..	4408	1229	482	0	26 March (85)	**1306**	4	16 March (75)	
41	Plavaṅga ..	4409	1230	483	1	26 March (85)	**1307**	2	6 March (65)	6
42	Kīlaka ..	4410	1231	484	2	25 March (85)	***1308**	1	24 March (84)	
43	Saumya ..	4411	1232	485	4	26 March (85)	**1309**	5	13 March (72)	
44	Sādhāraṇa ..	4412	1233	486	5	26 March (85)	**1310**	2	2 March (61)	4
45	Virodhikṛit § ..	4413	1234	487	6	26 March (85)	**1311**	1	21 March (80)	
46	Paridhāvi ..	4414	1235	488	0	25 March (85)	***1312**	6	10 March (70)	
47	Pramādi ¶ ..	4415	1236	489	2	26 March (85)	**1313**	3	27 Feb. (58)	3
48	Ānanda ..	4416	1237	490	3	26 March (85)	**1314**	2	18 March (77)	
49	Rākshasa ..	4417	1238	491	4	26 March (85)	**1315**	6	7 March (66)	8(a)
50	Nala (Anala ?).	4418	1239	492	5	25 March (85)	***1316**	4	25 Feb. (56)	1
51	Piṅgala ..	4419	1240	493	0	26 March (85)	**1317**	2	14 March (73)	
52	Kālayukta ..	4420	1241	494	1	26 March (85)	**1318**	0	4 March (63)	6
53	Siddhārthi ..	4421	1242	495	2	26 March (85)	**1319**	6	23 March (82)	
54	Raudra, Raudri.	4422	1243	496	3	25 March (85)	***1320**	3	11 March (71)	
55	Durmati ..	4423	1244	497	5	26 March (85)	**1321**	0	28 Feb. (59)	4
56	Dundubhi ..	4424	1245	498	6	26 March (85)	**1322**	6	19 March (78)	
57	Rudhirodgāri ..	4425	1246	499	0	26 March (85)	**1323**	4	9 March (68)	
58	Raktākshi ‖ ..	4426	1247	500	2	26 March (86)	***1324**	1	26 Feb. (57)	3
59	Krodhana ..	4427	1248	501	3	26 March (85)	**1325**	0	16 March (75)	
60	Kshaya ** ..	4428	1249	502	4	26 March (85)	**1326**	5	6 March (65)	7

* Hemalamba, Hemalambi.
† Vilamba.
‡ Śobhana.
§ Virodhakṛit, Virodhyādikṛit.
¶ Pramādicha.
‖ Raktāksha.
** Akshaya.

(a) Mārgaśira (9) is suppressed.

Cyclic Year.		Concurrent Year.		Āṇḍu commencing in the Kali Yuga and Śaka Year.	Commencement					
					Of the Solar Year (Tamiḻ).			Of the Luni-solar Year (Telugu).		
Serial Number.	Name.	Kali Yuga.	Śaka.		Ferial Number.	Date in the English Calendar.	English Year.	Ferial Number.	Date in the English Calendar.	Repeated Month.
1	2	3	4	5	6	7	8	9	10	11
1	Prabhava ..	4429	1250	503	5	26 March (85)	1327	4	25 March (84)	
2	Vibhava ..	4430	1251	504	0	26 March (86)	*1328	1	13 March (73)	
3	Śukla ..	4431	1252	505	1	26 March (85)	1329	5	2 March (61)	4
4	Pramoda * ..	4432	1253	506	2	26 March (85)	1330	4	21 March (80)	
5	Prajāpati † ..	4433	1254	507	3	26 March (85)	1331	2	11 March (70)	
6	Āṅgirasa ..	4434	1255	508	5	26 March (86)	*1332	4	26 Feb. (57)	2
7	Śrīmukha ..	4435	1256	509	6	26 March (85)	1333	5	18 March (77)	
8	Bhāva ..	4436	1257	510	0	26 March (85)	1334	2	7 March (66)	8 (a)
9	Yuva ..	4437	1258	511	1	26 March (85)	1335	0	25 Feb. (56)	1
10	Dhātu ‡ ..	4438	1259	512	3	26 March (86)	*1336	5	14 March (74)	
11	Īśvara ..	4439	1260	513	4	26 March (85)	1337	3	4 March (63)	6
12	Bahudhānya ..	4440	1261	514	5	26 March (85)	1338	2	23 March (82)	
13	Pramādi § ..	4441	1262	515	6	26 March (85)	1339	6	12 March (71)	
14	Vikrama ..	4442	1263	516	1	26 March (86)	*1340	3	29 Feb. (60)	4
15	Vishu ¶ ..	4443	1264	517	2	26 March (85)	1341	2	19 March (78)	
16	Chitrabhānu ..	4444	1265	518	3	26 March (85)	1342	0	9 March (68)	
17	Svabhānu ‖ ..	4445	1266	519	4	26 March (85)	1343	4	26 Feb. (57)	2
18	Tāraṇa ..	4446	1267	520	6	26 March (86)	*1344	3	16 March (76)	
19	Pārthiva ..	4447	1268	521	0	26 March (85)	1345	0	5 March (64)	7
20	Vyaya ..	4448	1269	522	1	26 March (85)	1346	6	24 March (83)	
21	Sarvajit ..	4449	1270	523	2	26 March (85)	1347	4	14 March (73)	
22	Sarvadhāri ..	4450	1271	524	4	26 March (86)	*1348	1	2 March (62)	4
23	Virodhi ..	4451	1272	525	5	26 March (85)	1349	0	21 March (80)	
24	Vikṛiti ** ..	4452	1273	526	6	26 March (85)	1350	4	10 March (69)	
25	Khara ..	4453	1274	527	0	26 March (85)	1351	2	28 Feb. (59)	3
26	Nandana ..	4454	1275	528	2	26 March (86)	*1352	1	18 March (78)	
27	Vijaya ..	4455	1276	529	3	26 March (85)	1353	5	7 March (66)	8 & 12 (a)
28	Jaya ..	4456	1277	530	4	26 March (85)	1354	4	26 March (85)	
29	Manmatha ..	4457	1278	531	6	27 March (86)	1355	1	15 March (74)	
30	Durmukhi ..	4458	1279	532	0	26 March (86)	*1356	6	4 March (64)	5

* Pramodūta.
† Prajotpatti (?).
‡ Dhātṛi ?.
§ Pramāthin.
¶ Vṛishabha ? Bhṛiśya.
‖ Subhānu.
** Vikṛita.

(a) Mārgaśira (9) is suppressed.

Cyclic Year.		Concurrent Year.		Āṇḍu commencing in the Kali Yuga and Śaka Year.	Commencement					
					Of the Solar Year (Tamil).			Of the Luni-solar Year (Telugu).		
Serial Number.	Name.	Kali Yuga.	Śaka.		Ferial Number.	Date in the English Calendar.	English Year.	Ferial Number.	Date in the English Calendar.	Repeated Month.
1	2	3	4	5	6	7	8	9	10	11
31	Hevilamba * ..	4459	1280	533	1	26 March (85)	**1357**	4	22 March (81)	
32	Vilambi † ..	4460	1281	534	2	26 March (85)	**1358**	2	12 March (71)	
33	Vikāri ..	4461	1282	535	4	27 March (86)	**1359**	6	1 March (60)	4
34	Śarvari ..	4462	1283	536	5	26 March (86)	***1360**	5	19 March (79)	
35	Plava ..	4463	1284	537	6	26 March (85)	**1361**	2	8 March (67)	
36	Śubhakṛit ..	4464	1285	538	0	26 March (85)	**1362**	0	26 Feb. (57)	2
37	Śobhakṛit ‡ ..	4465	1286	539	2	27 March (86)	**1363**	6	17 March (76)	
38	Krodhi ..	4466	1287	540	3	26 March (86)	***1364**	3	5 March (65)	6
39	Viśvāvasu ..	4467	1288	541	4	26 March (85)	**1365**	2	24 March (83)	
40	Parābhava ..	4468	1289	542	5	26 March (85)	**1366**	6	13 March (72)	
41	Plavaṅga ..	4469	1290	543	0	27 March (86)	**1367**	4	3 March (62)	4
42	Kīlaka ..	4470	1291	544	1	26 March (86)	***1368**	3	21 March (81)	
43	Saumya ..	4471	1292	545	2	26 March (85)	**1369**	0	10 March (69)	
44	Sādhāraṇa ..	4472	1293	546	3	26 March (85)	**1370**	4	27 Feb. (58)	3
45	Virodhikṛit § ..	4473	1294	547	5	27 March (86)	**1371**	3	18 March (77)	
46	Paridhāvi ..	4474	1295	548	6	26 March (86)	***1372**	1	7 March (67)	7
47	Pramādi ¶ ..	4475	1296	549	0	26 March (85)	**1373**	6	25 March (84)	
48	Ānanda ..	4476	1297	550	1	26 March (85)	**1374**	4	15 March (74)	
49	Rākshasa ..	4477	1298	551	3	27 March (86)	**1375**	1	4 March (63)	5
50	Nala (Anala ?).	4478	1299	552	4	26 March (86)	***1376**	0	22 March (82)	
51	Piṅgala ..	4479	1300	553	5	26 March (85)	**1377**	4	11 March (70)	
52	Kālayukta ..	4480	1301	554	6	26 March (85)	**1378**	2	1 March (60)	3
53	Siddhārthi ..	4481	1302	555	1	27 March (86)	**1379**	1	20 March (79)	
54	Raudra, Raudri.	4482	1303	556	2	26 March (86)	***1380**	5	8 March (68)	
55	Durmati ..	4483	1304	557	3	26 March (85)	**1381**	2	25 Feb. (56)	2
56	Dundubhi ..	4484	1305	558	5	27 March (86)	**1382**	1	16 March (75)	
57	Rudhirodgāri ..	4485	1306	559	6	27 March (86)	**1383**	6	6 March (65)	6
58	Raktākshi ‖ ..	4486	1307	560	0	26 March (86)	***1384**	4	23 March (83)	
59	Krodhana ..	4487	1308	561	1	26 March (85)	**1385**	2	13 March (72)	
60	Kshaya ** ..	4488	1309	562	3	27 March (86)	**1386**	6	2 March (61)	4

* Hemalamba, Hemalambi.
† Vilamba.
‡ Śobhana.
§ Virodhakrit, Virodhyadikrit.
¶ Pramādicha.
‖ Raktāksha.
** Akshaya.

15

Cyclic Year.		Concurrent Year.		Ându commencing in the Kali Yuga and Saka Year.	Commencement					
					Of the Solar Year (Tamil).			Of the Luni-solar Year (Telugu).		
Serial Number.	Name.	Kali Yuga.	Śaka.		Ferial Number.	Date in the English Calendar.	English Year.	Ferial Number.	Date in the English Calendar.	Repeated Month.
1	2	3	4	5	6	7	8	9	10	11
1	Prabhava ..	4489	1310	563	4	27 March (86)	1387	5	21 March (80)	
2	Vibhava ..	4490	1311	564	5	26 March (86)	*1388	2	9 March (69)	
3	Śukla ..	4491	1312	565	6	26 March (85)	1389	0	27 Feb. (58)	3
4	Pramoda * ..	4492	1313	566	1	27 March (86)	1390	6	18 March (77)	
5	Prajāpati † ..	4493	1314	567	2	27 March (86)	1391	3	7 March (66)	7
6	Àṅgirasa ..	4494	1315	568	3	26 March (86)	*1392	2	25 March (85)	
7	Śrīmukha ..	4495	1316	569	4	26 March (85)	1393	6	14 March (73)	
8	Bhāva ..	4496	1317	570	6	27 March (86)	1394	4	4 March (63)	5
9	Yuva ..	4497	1318	571	0	27 March (86)	1395	3	23 March (82)	
10	Dhātu ‡ ..	4498	1319	572	1	26 March (86)	*1396	0	11 March (71)	
11	Īśvara ..	4499	1320	573	2	26 March (85)	1397	4	28 Feb. (59)	3
12	Bahudhānya ..	4500	1321	574	4	27 March (86)	1398	3	19 March (78)	
13	Pramādi § ..	4501	1322	575	5	27 March (86)	1399	1	9 March (68)	
14	Vikrama ..	4502	1323	576	6	26 March (86)	*1400	5	26 Feb. (57)	2
15	Vishu ¶ ..	4503	1324	577	0	26 March (85)	1401	4	16 March (75)	
16	Chitrabhānu ..	4504	1325	578	2	27 March (86)	1402	1	5 March (64)	6
17	Svabhānu ‖ ..	4505	1326	579	3	27 March (86)	1403	0	24 March (83)	
18	Tāraṇa ..	4506	1327	580	4	26 March (86)	*1404	4	12 March (72)	
19	Pārthiva ..	4507	1328	581	5	26 March (85)	1405	2	2 March (61)	4
20	Vyaya ..	4508	1329	582	0	27 March (86)	1406	1	21 March (80)	
21	Sarvajit ..	4509	1330	583	1	27 March (86)	1407	5	10 March (69)	
22	Sarvadhāri ..	4510	1331	584	2	26 March (86)	*1408	2	27 Feb. (58)	2
23	Virodhi ..	4511	1332	585	4	27 March (86)	1409	1	17 March (76)	
24	Vikṛiti ** ..	4512	1333	586	5	27 March (86)	1410	6	7 March (66)	7
25	Khara ..	4513	1334	587	6	27 March (86)	1411	5	26 March (85)	
26	Nandana ..	4514	1335	588	0	26 March (86)	*1412	2	14 March (74)	
27	Vijaya ..	4515	1336	589	2	27 March (86)	1413	6	3 March (62)	5
28	Jaya ..	4516	1337	590	3	27 March (86)	1414	5	22 March (81)	
29	Manmatha ..	4517	1338	591	4	27 March (86)	1415	3	12 March (71)	
30	Durmukhi ..	4518	1339	592	5	26 March (86)	*1416	0	29 Feb. (60)	3

* Pramodūta.
† Prajotpatti (?).
‡ Dhatṛi ?.
§ Pramāthin.
¶ Vrishabha ? Bhṛiśya.
‖ Subhānu.
** Vikṛita.

Cyclic Year.		Concurrent Year.		Āṇḍu commencing in the Kali Yuga and Śaka Year.	Commencement					
					Of the Solar Year (Tamil).			Of the Luni-solar Year (Telugu).		
Serial Number.	Name.	Kali Yuga.	Śaka.		Ferial Number.	Date in the English Calendar.	English Year.	Ferial Number.	Date in the English Calendar.	Repeated Month.
1	2	3	4	5	6	7	8	9	10	11
31	Hevilamba * ..	4519	1340	593	0	27 March (86)	**1417**	6	19 March (78)	
32	Vilambi † ..	4520	1341	594	1	27 March (86)	**1418**	3	8 March (67)	8 (a)
33	Vikāri ..	4521	1342	595	2	27 March (86)	**1419**	1	26 Feb. (57)	1
34	Śarvari ..	4522	1343	596	3	26 March (86)	***1420**	6	15 March (75)	
35	Plava ..	4523	1344	597	5	27 March (86)	**1421**	4	5 March (64)	5
36	Śubhakṛit ..	4524	1345	598	6	27 March (86)	**1422**	3	24 March (83)	
37	Śobhakṛit ‡ ..	4525	1346	599	0	27 March (86)	**1423**	0	13 March (72)	
38	Krodhi ..	4526	1347	600	1	26 March (86)	***1424**	4	1 March (61)	4
39	Viśvāvasu ..	4527	1348	601	3	27 March (86)	**1425**	3	20 March (79)	
40	Parābhava ..	4528	1349	602	4	27 March (86)	**1426**	1	10 March (69)	
41	Plavaṅga ..	4529	1350	603	5	27 March (86)	**1427**	5	27 Feb. (58)	2
42	Kīlaka ..	4530	1351	604	6	26 March (86)	***1428**	4	17 March (77)	
43	Saumya ..	4531	1352	605	1	27 March (86)	**1429**	1	6 March (65)	7
44	Sādhāraṇa ..	4532	1353	606	2	27 March (86)	**1430**	0	25 March (84)	
45	Virodhikṛit § ..	4533	1354	607	3	27 March (86)	**1431**	5	15 March (74)	
46	Paridhāvi ..	4534	1355	608	4	26 March (86)	***1432**	2	3 March (63)	5
47	Pramādi ¶ ..	4535	1356	609	6	27 March (86)	**1433**	1	22 March (81)	
48	Ānanda ..	4536	1357	610	0	27 March (86)	**1434**	5	11 March (70)	
49	Rākshasa ..	4537	1358	611	1	27 March (86)	**1435**	3	1 March (60)	3
50	Nala (Anala ?).	4538	1359	612	2	26 March (86)	***1436**	2	19 March (79)	
51	Piṅgala ..	4539	1360	613	4	27 March (86)	**1437**	6	8 March (67)	8(a) & 12
52	Kālayukta ..	4540	1361	614	5	27 March (86)	**1438**	5	27 March (86)	
53	Siddhārthi ..	4541	1362	615	6	27 March (86)	**1439**	2	16 March (75)	
54	Raudra, Raudri.	4542	1363	616	1	27 March (87)	***1440**	0	5 March (65)	5
55	Durmati ..	4543	1364	617	2	27 March (86)	**1441**	5	23 March (82)	
56	Dundubhi ..	4544	1365	618	3	27 March (86)	**1442**	3	13 March (72)	
57	Rudhirodgāri ..	4545	1366	619	4	27 March (86)	**1443**	0	2 March (61)	4
58	Raktākshi ‖ ..	4546	1367	620	6	27 March (87)	***1444**	6	20 March (80)	
59	Krodhana ..	4547	1368	621	0	27 March (86)	**1445**	3	9 March (68)	
60	Kshaya ** ..	4548	1369	622	1	27 March (86)	**1446**	1	27 Feb. (58)	2

* Hemalamba, Hemalambi.
† Vilamba.
‡ Śobhana.
§ Virodhakṛit, Virodhyadikṛit.
¶ Pramādicha.
‖ Raktāksha.
** Akshaya.

(a) Mārgaśira (9) is suppressed.

Cyclic Year.		Concurrent Year.		Âpdu commencing in the Kali Yuga and Saka Year.	Commencement					
					Of the Solar Year (Tamil).			Of the Luni-solar Year (Telugu).		
Serial Number.	Name.	Kali Yuga.	Saka.		Ferial Number.	Date in the English Calendar.	English Year.	Ferial Number.	Date in the English Calendar.	Repeated Month.
1	2	3	4	5	6	7	8	9	10	11
1	Prabhava ..	4549	1370	623	2	27 March (86)	1447	0	18 March (77)	
2	Vibhava ..	4550	1371	624	4	27 March (87)	*1448	4	6 March (66)	6
3	Śukla ..	4551	1372	625	5	27 March (86)	1449	3	25 March (84)	
4	Pramoda * ..	4552	1373	626	6	27 March (86)	1450	0	14 March (73)	
5	Prajāpati † ..	4553	1374	627	0	27 March (86)	1451	5	4 March (63)	5
6	Āṅgirasa ..	4554	1375	628	2	27 March (87)	*1452	4	22 March (82)	
7	Śrīmukha ..	4555	1376	629	3	27 March (86)	1453	1	11 March (70)	
8	Bhāva ..	4556	1377	630	4	27 March (86)	1454	5	28 Feb. (59)	2
9	Yuva ..	4557	1378	631	5	27 March (86)	1455	4	19 March (78)	
10	Dhātu ‡ ..	4558	1379	632	0	27 March (87)	*1456	2	8 March (68)	7
11	Īśvara ..	4559	1380	633	1	27 March (86)	1457	0	26 March (85)	
12	Bahudhānya ..	4560	1381	634	2	27 March (86)	1458	5	16 March (75)	
13	Pramādi § ..	4561	1382	635	3	27 March (86)	1459	2	5 March (64)	5
14	Vikrama ..	4562	1383	636	5	27 March (87)	*1460	1	23 March (83)	
15	Vishu ¶ ..	4563	1384	637	6	27 March (86)	1461	5	12 March (71)	
16	Chitrabhānu ..	4564	1385	638	0	27 March (86)	1462	3	2 March (61)	3
17	Svabhānu ‖ ..	4565	1386	639	1	27 March (86)	1463	2	21 March (80)	
18	Tāraṇa ..	4566	1387	640	3	27 March (87)	*1464	6	9 March (69)	
19	Pārthiva ..	4567	1388	641	4	27 March (86)	1465	3	26 Feb. (57)	2
20	Vyaya ..	4568	1389	642	5	27 March (86)	1466	2	17 March (76)	
21	Sarvajit ..	4569	1390	643	0	28 March (87)	1467	0	7 March (66)	6
22	Sarvadhāri ..	4570	1391	644	1	27 March (87)	*1468	6	25 March (85)	
23	Virodhi ..	4571	1392	645	2	27 March (86)	1469	3	14 March (73)	
24	Vikṛiti ** ..	4572	1393	646	3	27 March (86)	1470	0	3 March (62)	4
25	Khara ..	4573	1394	647	5	28 March (87)	1471	6	22 March (81)	
26	Nandana ..	4574	1395	648	6	27 March (87)	*1472	4	11 March (71)	
27	Vijaya ..	4575	1396	649	0	27 March (86)	1473	1	28 Feb. (59)	3
28	Jaya ..	4576	1397	650	1	27 March (86)	1474	0	19 March (78)	
29	Manmatha ..	4577	1398	651	3	28 March (87)	1475	4	8 March (67)	8 (a)
30	Durmukhi ..	4578	1399	652	4	27 March (87)	*1476	2	26 Feb. (57)	1

* Pramodūta.
† Prajotpatti (?).
‡ Dhātri ?.
§ Pramāthin.
¶ Vrishabha ? Bhriśya.
‖ Subhānu.
** Vikrita.

(a) Pushya (10) is suppressed.

Cyclic Year.		Concurrent Year.		Âṇḍu commencing in the Kali Yuga and Śaka Year.	Commencement					
					Of the Solar Year (Tamiḻ).			Of the Luni-solar Year (Telugu).		
Serial Number.	Name.	Kali Yuga.	Śaka.		Ferial Number.	Date in the English Calendar.	English Year.	Ferial Number.	Date in the English Calendar.	Repeated Month.
1	2	3	4	5	6	7	8	9	10	11
31	Hevilamba * ..	4579	1400	653	5	27 March (86)	1477	1	16 March (75)	
32	Vilambi † ..	4580	1401	654	6	27 March (86)	1478	5	5 March (64)	5
33	Vikāri ..	4581	1402	655	1	28 March (87)	1479	4	24 March (83)	
34	Śarvari ..	4582	1403	656	2	27 March (87)	*1480	1	12 March (72)	
35	Plava ..	4583	1404	657	3	27 March (86)	1481	6	2 March (61)	4
36	Śubhakṛit ..	4584	1405	658	4	27 March (86)	1482	4	20 March (79)	
37	Śobhakṛit ‡ ..	4585	1406	659	6	28 March (87)	1483	2	10 March (69)	
38	Krodhi ..	4586	1407	660	0	27 March (87)	*1484	6	27 Feb. (58)	2
39	Viśvāvasu ..	4587	1408	661	1	27 March (86)	1485	5	17 March (76)	
40	Parābhava ..	4588	1409	662	2	27 March (86)	1486	2	6 March (65)	6
41	Plavaṅga ..	4589	1410	663	4	28 March (87)	1487	1	25 March (84)	
42	Kīlaka ..	4590	1411	664	5	27 March (87)	*1488	5	13 March (73)	
43	Saumya ..	4591	1412	665	6	27 March (86)	1489	3	3 March (62)	4
44	Sādhāraṇa ..	4592	1413	666	0	27 March (86)	1490	2	22 March (81)	
45	Virodhikṛit § ..	4593	1414	667	2	28 March (87)	1491	6	11 March (70)	
46	Paridhāvi. ..	4594	1415	668	3	27 March (87)	*1492	4	29 Feb. (60)	3
47	Pramādi ¶ ..	4595	1416	669	4	27 March (86)	1493	3	19 March (78)	
48	Ānanda ..	4596	1417	670	5	27 March (86)	1494	0	8 March (67)	8
49	Rākshasa ..	4597	1418	671	0	28 March (87)	1495	6	27 March (86)	
50	Nala (Anala ?)..	4598	1419	672	1	27 March (87)	*1496	3	15 March (75)	
51	Piṅgala ..	4599	1420	673	2	27 March (86)	1497	1	5 March (64)	5
52	Kālayukta ..	4600	1421	674	4	28 March (87)	1498	6	23 March (82)	
53	Siddhārthi ..	4601	1422	675	5	28 March (87)	1499	4	13 March (72)	
54	Raudra, Raudri	4602	1423	676	6	27 March (87)	*1500	1	1 March (61)	4
55	Durmati ..	4603	1424	677	0	27 March (86)	1501	0	20 March (79)	
56	Dundubhi ..	4604	1425	678	2	28 March (87)	1502	4	9 March (68)	
57	Rudhirodgāri..	4605	1426	679	3	28 March (87)	1503	2	27 Feb. (58)	1
58	Raktākshi ‖ ..	4606	1427	680	4	27 March (87)	*1504	1	17 March (77)	
59	Krodhana ..	4607	1428	681	5	27 March (86)	1505	5	6 March (65)	6
60	Kshaya ** ..	4608	1429	682	0	28 March (87)	1506	4	25 March (84)	

* Hemalamba, Hemalambi.
† Vilambā.
‡ Śobhana.
§ Virodhakṛit, Virodhyadikṛit.
¶ Pramādicha.
‖ Raktāksha.
** Akshaya.

Cyclic Year.		Concurrent Year.		Ardu commencing in the Kali Yuga and Saka Year.	Commencement					
					Of the Solar Year (Tamil).			Of the Luni-solar Year (Telugu).		
Serial Number.	Name.	Kali Yuga.	Śaka.		Ferial Number.	Date in the English Calendar.	English Year.	Ferial Number.	Date in the English Calendar.	Repeated Month.
1	2	3	4	5	6	7	8	9	10	11
1	Prabhava ..	4609	1430	683	1	28 March (87)	1507	1	14 March (73)	
2	Vibhava ..	4610	1431	684	2	27 March (87)	*1508	6	3 March (63)	4
3	Śukla ..	4611	1432	685	3	27 March (86)	1509	5	22 March (81)	
4	Pramoda * ..	4612	1433	686	5	28 March (87)	1510	2	11 March (70)	
5	Prajāpati † ..	4613	1434	687	6	28 March (87)	1511	6	28 Feb. (59)	2
6	Āṅgirasa ..	4614	1435	688	0	27 March (87)	*1512	5	18 March (78)	
7	Śrīmukha ..	4615	1436	689	1	27 March (86)	1513	3	8 March (67)	7
8	Bhāva ..	4616	1437	690	3	28 March (87)	1514	2	27 March (86)	
9	Yuva ..	4617	1438	691	4	28 March (87)	1515	6	16 March (75)	
10	Dhātu ‡ ..	4618	1439	692	5	27 March (87)	*1516	3	4 March (64)	5
11	Īśvara ..	4619	1440	693	6	27 March (86)	1517	2	23 March (82)	
12	Bahudhānya ..	4620	1441	694	1	28 March (87)	1518	0	13 March (72)	
13	Pramādi § ..	4621	1442	695	2	28 March (87)	1519	4	2 March (61)	3
14	Vikrama ..	4622	1443	696	3	27 March (87)	*1520	3	20 March (80)	
15	Vishu ¶ ..	4623	1444	697	4	27 March (86)	1521	0	9 March (68)	
16	Chitrabhānu ..	4624	1445	698	6	28 March (87)	1522	5	27 Feb. (58)	1
17	Svabhānu ‖ ..	4625	1446	699	0	28 March (87)	1523	3	17 March (76)	
18	Tāraṇa ..	4626	1447	700	1	27 March (87)	*1524	1	6 March (66)	5
19	Pārthiva ..	4627	1448	701	3	28 March (87)	1525	0	25 March (84)	
20	Vyaya ..	4628	1449	702	4	28 March (87)	1526	4	14 March (73)	
21	Sarvajit ..	4629	1450	703	5	28 March (87)	1527	1	3 March (62)	4
22	Sarvadhāri ..	4630	1451	704	6	27 March (87)	*1528	0	21 March (81)	
23	Virodhi ..	4631	1452	705	1	28 March (87)	1529	5	11 March (70)	
24	Vikṛiti ** ..	4632	1453	706	2	28 March (87)	1530	2	28 Feb. (59)	2
25	Khara ..	4633	1454	707	3	28 March (87)	1531	1	19 March (78)	
26	Nandana ..	4634	1455	708	4	27 March (87)	*1532	5	7 March (67)	6
27	Vijaya ..	4635	1456	709	6	28 March (87)	1533	4	26 March (85)	
28	Jaya ..	4636	1457	710	0	28 March (87)	1534	2	16 March (75)	
29	Manmatha ..	4637	1458	711	1	28 March (87)	1535	6	5 March (64)	5
30	Durmukhi ..	4638	1459	712	2	27 March (87)	*1536	5	23 March (83)	

* Pramodūta.
† Prajotpatti (?).
‡ Dhātri ?.
§ Pramāthin.
¶ Vrishabha ? Bhṛiśya.
‖ Subhānu.
** Vikṛita.

Cyclic Year.		Concurrent Year.		Āṇḍu commencing in the Kali Yuga and Śaka Year.	Commencement					
					Of the Solar Year (Tamiḻ).			Of the Luni-solar Year (Telugu).		
Serial Number.	Name.	Kali Yuga.	Śaka.		Ferial Number.	Date in the English Calendar.	English Year.	Ferial Number.	Date in the English Calendar.	Repeated Month.
1	2	3	4	5	6	7	8	9	10	11
31	Hevilamba * ..	4639	1460	713	4	28 March (87)	**1537**	2	12 March (71)	
32	Vilambi † ..	4640	1461	714	5	28 March (87)	**1538**	0	2 March (61)	3
33	Vikāri ..	4641	1462	715	6	28 March (87)	**1539**	5	20 March (79)	
34	Śarvari ..	4642	1463	716	0	27 March (87)	***1540**	3	9 March (69)	
35	Plava ..	4643	1464	717	2	28 March (87)	**1541**	0	26 Feb. (57)	1
36	Śubhakṛit ..	4644	1465	718	3	28 March (87)	**1542**	6	17 March (76)	
37	Śobhakṛit ‡ ..	4645	1466	719	4	28 March (87)	**1543**	3	6 March (65)	5
38	Krodhi ..	4646	1467	720	5	27 March (87)	***1544**	2	24 March (84)	
39	Viśvāvasu ..	4647	1468	721	0	28 March (87)	**1545**	0	14 March (73)	
40	Parābhava ..	4648	1469	722	1	28 March (87)	**1546**	4	3 March (62)	4
41	Plavaṅga ..	4649	1470	723	2	28 March (87)	**1547**	3	22 March (81)	
42	Kīlaka ..	4650	1471	724	3	27 March (87)	***1548**	0	10 March (70)	
43	Saumya ..	4651	1472	725	5	28 March (87)	**1549**	5	28 Feb. (59)	2
44	Sādhāraṇa ..	4652	1473	726	6	28 March (87)	**1550**	4	19 March (78)	
45	Virodhikṛit § ..	4653	1474	727	0	28 March (87)	**1551**	1	8 March (67)	6
46	Paridhāvi ..	4654	1475	728	1	27 March (87)	***1552**	0	26 March (86)	
47	Pramādi ¶ ..	4655	1476	729	3	28 March (87)	**1553**	4	15 March (74)	
48	Ānanda ..	4656	1477	730	4	28 March (87)	**1554**	2	5 March (64)	5
49	Rākshasa ..	4657	1478	731	5	28 March (87)	**1555**	1	24 March (83)	
50	Nala (Anala?).	4658	1479	732	0	28 March (88)	***1556**	5	12 March (72)	
51	Piṅgala ..	4659	1480	733	1	28 March (87)	**1557**	2	1 March (60)	3
52	Kālayukta ..	4660	1481	734	2	28 March (87)	**1558**	1	20 March (79)	
53	Siddhārthi ..	4661	1482	735	3	28 March (87)	**1559**	6	10 March (69)	8 (a)
54	Raudra, Raudri.	4662	1483	736	5	28 March (88)	***1560**	3	27 Feb. (58)	1
55	Durmati ..	4663	1484	737	6	28 March (87)	**1561**	2	17 March (76)	
56	Dundubhi ..	4664	1485	738	0	28 March (87)	**1562**	6	6 March (65)	6
57	Rudhirodgāri ..	4665	1486	739	1	28 March (87)	**1563**	5	25 March (84)	
58	Raktākshi ‖ ..	4666	1487	740	3	28 March (88)	***1564**	2	13 March (73)	
59	Krodhana ..	4667	1488	741	4	28 March (87)	**1565**	0	3 March (62)	4
60	Kshaya ** ..	4668	1489	742	5	28 March (87)	**1566**	6	22 March (81)	

* Hemalamba, Hemalambi.
† Vilamba.
‡ Śobhana.
§ Virodhakṛit, Virodhyadikṛit.
(a) Pushya (10) is suppressed.
¶ Pramādicha.
‖ Raktaksha.
** Akshaya.

Cyclic Year.		Concurrent Year.		Āndu commencing in the Kali Yuga and Saka Year.	Commencement					
					Of the Solar Year (Tamil).			Of the Luni-solar Year (Telugu).		
Serial Number.	Name.	Kali Yuga.	Śaka.		Ferial Number.	Date in the English Calendar.	English Year.	Ferial Number.	Date in the English Calendar.	Repeated Month.
1	2	3	4	5	6	7	8	9	10	11
1	Prabhava ..	4669	1490	743	6	28 March (87)	1567	3	11 March (70)	
2	Vibhava ..	4670	1491	744	1	28 March (88)	*1568	0	28 Feb. (59)	2
3	Śukla ..	4671	1492	745	2	28 March (87)	1569	6	18 March (77)	
4	Pramoda * ..	4672	1493	746	3	28 March (87)	1570	4	8 March (67)	6
5	Prajāpati † ..	4673	1494	747	4	28 March (87)	1571	3	27 March (86)	
6	Āṅgirasa ..	4674	1495	748	6	28 March (88)	*1572	0	15 March (75)	
7	Śrīmukha ..	4675	1496	749	0	28 March (87)	1573	4	4 March (63)	4
8	Bhāva ..	4676	1497	750	1	28 March (87)	1574	3	23 March (82)	
9	Yuva ..	4677	1498	751	2	28 March (87)	1575	1	13 March (72)	
10	Dhātu ‡ ..	4678	1499	752	4	28 March (88)	*1576	5	1 March (61)	3
11	Īśvara ..	4679	1500	753	5	28 March (87)	1577	4	20 March (79)	
12	Bahudhānya ..	4680	1501	754	6	28 March (87)	1578	1	9 March (68)	8 (a)
13	Pramādi § ..	4681	1502	755	0	28 March (87)	1579	6	27 Feb. (58)	1
14	Vikrama ..	4682	1503	756	2	28 March (88)	*1580	4	16 March (76)	
15	Vishu ¶ ..	4683	1504	757	3	28 March (87)	1581	2	6 March (65)	6
16	Chitrabhānu ..	4684	1505	758	4	28 March (87)	[1]1582	1	25 March (84)	
17	Svabhānu ‖ ..	4685	1506	759	6	29 March (88)	1583	5	14 March (73)	
18	Tāraṇa ..	4686	1507	760	0	28 March (88)	*1584	2	2 March (62)	4
19	Pārthiva ..	4687	1508	761	1	28 March (87)	1585	1	21 March (80)	
20	Vyaya ..	4688	1509	762	2	28 March (87)	1586	6	11 March (70)	
21	Sarvajit ..	4689	1510	763	4	29 March (88)	1587	3	28 Feb. (59)	2
22	Sarvadhāri ..	4690	1511	764	5	28 March (88)	*1588	2	18 March (78)	
23	Virodhi ..	4691	1512	765	6	28 March (87)	1589	6	7 March (66)	6
24	Vikṛiti ** ..	4692	1513	766	0	28 March (87)	1590	5	26 March (85)	
25	Khara ..	4693	1514	767	2	29 March (88)	1591	3	16 March (75)	
26	Nandana ..	4694	1515	768	3	28 March (88)	*1592	0	4 March (64)	4
27	Vijaya ..	4695	1516	769	4	28 March (87)	1593	6	23 March (82)	
28	Jaya ..	4696	1517	770	5	28 March (87)	1594	3	12 March (71)	
29	Manmatha ..	4697	1518	771	0	29 March (88)	1595	1	2 March (61)	3
30	Durmukhi ..	4698	1519	772	1	28 March (88)	*1596	0	20 March (80)	

* Pramodūta. † Prajotpatti (?). ‡ Dhatri ?. § Pramathin. ¶ Vrishabha ? Bhṛiśya. ‖ Subhanu. ** Vikṛita.

[1] Note that in the Roman Catholic countries of Europe the New Style was introduced from October 5th, 1582, whereas it was not introduced into England till 3rd September 1752. All the dates in these tables are given according to English computation, and therefore it must be remembered that from October 5th, 1582 to September 3rd, 1752 all computations made by these tables may need to be altered by 11 days to correspond with computations made by authors of Roman Catholic countries. Russia and Greece still retain the Old Style.

(a) Pushya (10) is suppressed.

Cyclic Year.		Concurrent Year.		Andu commencing in the Kali Yuga and Śaka Year.	Commencement					
					Of the Solar Year (Tamil).		Of the Luni-solar Year (Telugu).			
Serial Number.	Name.	Kali Yuga.	Śaka.		Ferial Number.	Date in the English Calendar.	English Year.	Ferial Number.	Date in the English Calendar.	Repeated Month.
1	2	3	4	5	6	7	8	9	10	11
31	Hevilamba * ..	4699	1520	773	2	28 March (87)	1597	4	9 March (68)	8 (a) & 12
32	Vilambi † ..	4700	1521	774	3	28 March (87)	1598	3	28 March (87)	
33	Vikāri ..	4701	1522	775	5	29 March (88)	1599	0	17 March (76)	
34	Śarvari ..	4702	1523	776	6	28 March (88)	*1600	5	6 March (66)	5
35	Plava ..	4703	1524	777	0	28 March (87)	1601	3	24 March (83)	
36	Śubhakṛit ..	4704	1525	778	1	28 March (87)	1602	1	14 March (73)	
37	Śobhakṛit ‡ ..	4705	1526	779	3	29 March (88)	1603	5	3 March (62)	4
38	Krodhi ..	4706	1527	780	4	28 March (88)	*1604	4	21 March (81)	
39	Viśvāvasu ..	4707	1528	781	5	28 March (87)	1605	1	10 March (69)	
40	Parābhava ..	4708	1529	782	6	28 March (87)	1606	6	28 Feb. (59)	2
41	Plavaṅga ..	4709	1530	783	1	29 March (88)	1607	5	19 March (78)	
42	Kīlaka ..	4710	1531	784	2	28 March (88)	*1608	2	7 March (67)	7
43	Saumya ..	4711	1532	785	3	28 March (87)	1609	1	26 March (85)	
44	Sādhāraṇa ..	4712	1533	786	4	28 March (87)	1610	5	15 March (74)	
45	Virodhikṛit § ..	4713	1534	787	6	29 March (88)	1611	3	5 March (64)	4
46	Paridhāvi ..	4714	1535	788	0	28 March (88)	*1612	2	23 March (83)	
47	Pramādi ¶ ..	4715	1536	789	1	28 March (87)	1613	6	12 March (71)	
48	Ānanda ..	4716	1537	790	3	29 March (88)	1614	3	1 March (60)	3
49	Rākshasa ..	4717	1538	791	4	29 March (88)	1615	2	20 March (79)	
50	Nala (Anala ?).	4718	1539	792	5	28 March (88)	*1616	0	9 March (69)	7
51	Piṅgala ..	4719	1540	793	6	28 March (87)	1617	5	27 March (86)	
52	Kālayukta ..	4720	1541	794	1	29 March (88)	1618	3	17 March (76)	
53	Siddhārthi ..	4721	1542	795	2	29 March (88)	1619	0	6 March (65)	5
54	Raudra, Raudri.	4722	1543	796	3	28 March (88)	*1620	6	24 March (84)	
55	Durmati ..	4723	1544	797	4	28 March (87)	1621	3	13 March (72)	
56	Dundubhi ..	4724	1545	798	6	29 March (88)	1622	1	3 March (62)	3
57	Rudhirodgāri ..	4725	1546	799	0	29 March (88)	1623	0	22 March (81)	
58	Raktākshi ‖ ..	4726	1547	800	1	28 March (88)	*1624	4	10 March (70)	
59	Krodhana ..	4727	1548	801	2	28 March (87)	1625	1	27 Feb. (58)	2
60	Kshaya ** ..	4728	1549	802	4	29 March (88)	1626	0	18 March (77)	

* Hemalamba, Hemalambi.
† Vilambu.
‡ Śobhana.
§ Virodhakṛit, Virodhyādikṛit.
¶ Pramādicha.
‖ Raktāksha.
** Akshaya.

(a) Mārgaśira (9) is suppressed.

Cyclic Year.		Concurrent Year.		Andu commencing in the Kali Yuga and Śaka Year.	Commencement					
					Of the Solar Year (Tamil).			Of the Luni-solar Year (Telugu).		
Serial Number.	Name.	Kali Yuga.	Śaka.		Ferial Number.	Date in the English Calendar.	English Year.	Ferial Number.	Date in the English Calendar.	Repeated Month.
1	2	3	4	5	6	7	8	9	10	11
1	Prabhava ..	4729	1550	803	5	29 March (88)	1627	5	8 March (67)	6
2	Vibhava ..	4730	1551	804	6	28 March (88)	*1628	4	26 March (86)	
3	Śukla ..	4731	1552	805	0	28 March (87)	1629	1	15 March (74)	
4	Pramoda * ..	4732	1553	806	2	29 March (88)	1630	5	4 March (63)	4
5	Prajāpati † ..	4733	1554	807	3	29 March (88)	1631	4	23 March (82)	
6	Āṅgirasa ..	4734	1555	808	4	28 March (88)	*1632	2	12 March (72)	
7	Śrīmukha ..	4735	1556	809	5	28 March (87)	1633	6	1 March (60)	3
8	Bhāva ..	4736	1557	810	0	29 March (88)	1634	5	20 March (79)	
9	Yuva ..	4737	1558	811	1	29 March (88)	1635	2	9 March (68)	7
10	Dhātu ‡ ..	4738	1559	812	2	28 March (88)	*1636	1	27 March (87)	
11	Īśvara ..	4739	1560	813	3	28 March (87)	1637	6	17 March (76)	
12	Bahudhānya ..	4740	1561	814	5	29 March (88)	1638	3	6 March (65)	5
13	Pramādi § ..	4741	1562	815	6	29 March (98)	1639	2	25 March (84)	
14	Vikrama ..	4742	1563	816	0	28 March (88)	*1640	6	13 March (73)	
15	Vishu ¶ ..	4743	1564	817	2*	29 March (88)	1641	4	3 March (62)	3
16	Chitrabhānu ..	4744	1565	818	3	29 March (88)	1642	2	21 March (80)	
17	Svabhānu ‖ ..	4745	1566	819	4	29 March (88)	1643	0	11 March (70)	
18	Tāraṇa ..	4746	1567	820	5	28 March (88)	*1644	4	28 Feb. (59)	2
19	Pārthiva ..	4747	1568	821	0	29 March (88)	1645	3	18 March (77)	
20	Vyaya ..	4748	1569	822	1	29 March (88)	1646	0	7 March (66)	6
21	Sarvajit ..	4749	1570	823	2	29 March (88)	1647	6	26 March (85)	
22	Sarvadhāri ..	4750	1571	824	3	28 March (88)	*1648	4	15 March (75)	
23	Virodhi ..	4751	1572	825	5	29 March (88)	1649	1	4 March (63)	4
24	Vikṛiti ** ..	4752	1573	826	6	29 March (88)	1650	0	23 March (82)	
25	Khara ..	4753	1574	827	0	29 March (88)	1651	4	12 March (71)	
26	Nandana ..	4754	1575	828	1	28 March (88)	*1652	2	1 March (61)	3
27	Vijaya ..	4755	1576	829	3	29 March (88)	1653	1	20 March (79)	
28	Jaya ..	4756	1577	830	4	29 March (88)	1654	5	9 March (68)	7
29	Manmatha ..	4757	1578	831	5	29 March (88)	1655	4	28 March (87)	
30	Durmukhi ..	4758	1579	832	6	28 March (88)	*1656	1	16 March (76)	

* Pramodota. † Prajotpatti (?). ‡ Dhatri ?. § Pramathin. ¶ Vrishabha ? Bhriśya. ‖ Subhānu. ** Vikṛita.

Cyclic Year.		Concurrent Year.		Aṇḍu commencing in the Kali Yuga and Śaka Year.	Commencement					
					Of the Solar Year (Tamil).			Of the Luni-solar Year (Telugu).		
Serial Number.	Name.	Kali Yuga.	Śaka.		Ferial Number.	Date in the English Calendar.	English Year.	Ferial Number.	Date in the English Calendar.	Repeated Month.
1	2	3	4	5	6	7	8	9	10	11
31	Hevilamba * ..	4759	1580	833	1	29 March (88)	1657	6	6 March (65)	5
32	Vilambi † ..	4760	1581	834	2	29 March (88)	1658	4	24 March (83)	
33	Vikāri ..	4761	1582	835	3	29 March (88)	1659	2	14 March (73)	
34	Śarvari ..	4762	1583	836	4	28 March (88)	*1660	6	2 March (62)	3
35	Plava ..	4763	1584	837	6	29 March (88)	1661	5	21 March (80)	
36	Śubhakṛit ..	4764	1585	838	0	29 March (88)	1662	2	10 March (69)	
37	Śobhakṛit ‡ ..	4765	1586	839	1	29 March (88)	1663	0	28 Feb. (59)	1
38	Krodhi ..	4766	1587	840	2	28 March (88)	*1664	6	18 March (78)	
39	Viśvāvasu ..	4767	1588	841	4	29 March (88)	1665	3	7 March (66)	5
40	Parābhava ..	4768	1589	842	5	29 March (88)	1666	2	26 March (85)	
41	Plavaṅga ..	4769	1590	843	6	29 March (88)	1667	6	15 March (74)	
42	Kīlaka ..	4770	1591	844	1	29 March (89)	*1668	4	4 March (64)	4
43	Saumya ..	4771	1592	845	2	29 March (88)	1669	3	23 March (82)	
44	Sādhāraṇa ..	4772	1593	846	3	29 March (88)	1670	0	12 March (71)	
45	Virodhikṛit § ..	4773	1594	847	4	29 March (88)	1671	4	1 March (60)	2
46	Paridhāvi ..	4774	1595	848	6	29 March (89)	*1672	3	19 March (79)	
47	Pramādi ¶ ..	4775	1596	849	0	29 March (88)	1673	1	9 March (68)	7
48	Ānanda ..	4776	1597	850	1	29 March (88)	1674	0	28 March (87)	
49	Rākshasa ..	4777	1598	851	2	29 March (88)	1675	4	17 March (76)	
50	Nala (Anala ?).	4778	1599	852	4	29 March (89)	*1676	1	5 March (65)	4
51	Piṅgala ..	4779	1600	853	5	29 March (88)	1677	0	24 March (83)	
52	Kālayukta ..	4780	1601	854	6	29 March (88)	1678	5	14 March (73)	
53	Siddhārthi ..	4781	1602	855	0	29 March (88)	1679	2	3 March (62)	3
54	Raudra, Raudri.	4782	1603	856	2	29 March (89)	*1680	1	21 March (81)	
55	Durmati ..	4783	1604	857	3	29 March (88)	1681	2	10 March (69)	8 (a)
56	Dundubhi ..	4784	1605	858	4	29 March (88)	1682	3	28 Feb. (59)	1
57	Rudhirodgāri ..	4785	1606	859	5	29 March (88)	1683	1	18 March (77)	
58	Raktākshi ‖ ..	4786	1607	860	0	29 March (89)	*1684	6	7 March (67)	5
59	Krodhana ..	4787	1608	861	1	29 March (88)	1685	5	26 March (85)	
60	Kshaya ** ..	4788	1609	862	2	29 March (88)	1686	2	15 March (74)	

* Hemalamba, Hemalambi.
† Vilamba.
‡ Śobhana.
§ Virodhakṛit, Virodhyadikṛit.
¶ Pramādicha.
‖ Raktaksha.
** Akshaya.

(a) Margaśira (9) is suppressed.

Cyclic Year.		Concurrent Year.		Āṇḍu commencing in the Kali Yuga and Śaka Year.	Commencement					
					Of the Solar Year (Tamil).			Of the Luni-solar Year (Telugu).		
Serial Number.	Name.	Kali Yuga.	Śaka.		Ferial Number.	Date in the English Calendar.	English Year.	Ferial Number.	Date in the English Calendar.	Repeated Month.
1	2	3	4	5	6	7	8	9	10	11
1	Prabhava ..	4789	1610	863	3	29 March (88)	**1687**	6	4 March (63)	4
2	Vibhava ..	4790	1611	864	5	29 March (89)	***1688**	5	22 March (82)	
3	Śukla ..	4791	1612	865	6	29 March (88)	**1689**	3	12 March (71)	
4	Pramoda * ..	4792	1613	866	0	29 March (88)	**1690**	0	1 March (60)	2
5	Prajāpati † ..	4793	1614	867	1	29 March (88)	**1691**	6	20 March (79)	
6	Āṅgirasa ..	4794	1615*	868	3	29 March (89)	***1692**	3	8 March (68)	6
7	Śrīmukha ..	4795	1616	869	4	29 March (88)	**1693**	2	27 March (86)	
8	Bhāva ..	4796	1617	870	5	29 March (88)	**1694**	0	17 March (76)	
9	Yuva ..	4797	1618	871	6	29 March (88)	**1695**	4	6 March (65)	5
10	Dhātu ‡ ..	4798	1619	872	1	29 March (89)	***1696**	3	24 March (84)	
11	Īśvara ..	4799	1620	873	2	29 March (88)	**1697**	0	13 March (72)	
12	Bahudhānya ..	4800	1621	874	3	29 March (88)	**1698**	5	3 March (62)	3
13	Pramādi § ..	4801	1622	875	5	30 March (89)	**1699**	4	22 March (81)	
14	Vikrama ..	4802	1623	876	6	29 March (89)	***1700**	1	10 March (70)	{ 8 (*a*) & 12
15	Vishu ¶ ..	4803	1624	877	0	29 March (88)	**1701**	0	29 March (88)	1
16	Chitrabhānu ..	4804	1625	878	1	29 March (88)	**1702**	4	18 March (77)	
17	Svabhānu ‖ ..	4805	1626	879	3	30 March (89)	**1703**	2	8 March (67)	5
18	Tāraṇa ..	4806	1627	880	4	29 March (89)	***1704**	0	25 March (85)	
19	Pārthiva ..	4807	1628	881	5	29 March (88)	**1705**	5	15 March (74)	
20	Vyaya ..	4808	1629	882	6	29 March (88)	**1706**	2	4 March (63)	4
21	Sarvajit ..	4809	1630	883	1	30 March (89)	**1707**	1	23 March (82)	
22	Sarvadhāri ..	4810	1631	884	2	29 March (89)	***1708**	5	11 March (71)	
23	Virodhi ..	4811	1632	885	3	29 March (88)	**1709**	3	1 March (60)	2
24	Vikṛiti ** ..	4812	1633	886	4	29 March (88)	**1710**	2	20 March (79)	
25	Khara ..	4813	1634	887	6	30 March (89)	**1711**	6	9 March (68)	6
26	Nandana ..	4814	1635	888	0	29 March (89)	***1712**	5	27 March (87)	
27	Vijaya ..	4815	1636	889	1	29 March (88)	**1713**	2	16 March (75)	
28	Jaya ..	4816	1637	890	2	29 March (88)	**1714**	0	6 March (65)	5
29	Manmatha ..	4817	1638	891	4	30 March (89)	**1715**	6	25 March (84)	
30	Durmukhi ..	4818	1639	892	5	29 March (89)	***1716**	3	13 March (73)	

* Pramodūta.
† Prajotpatti (?).
‡ Dhatri ?.
§ Pramāthin.
¶ Vrishabha ? Bhriśya.
‖ Subhānu.
** Vikṛita.

(*a*) Mārgaśira (9) is suppressed.

Cyclic Year.		Concurrent Year.		Âḍḍu commencing in the Kali Yuga and Śaka Year.	Commencement					
					Of the Solar Year (Tamil).			Of the Luni-solar Year (Telugu).		
Serial Number.	Name.	Kali Yuga.	Śaka.		Ferial Number.	Date in the English Calendar.	English Year.	Ferial Number.	Date in the English Calendar.	Repeated Month.
1	2	3	4	5	6	7	8	9	10	11
31	Hevilamba * ..	4819	1640	893	6	29 March (88)	1717	0	2 March (61)	3
32	Vilambi † ..	4820	1641	894	0	29 March (88)	1718	6	21 March (80)	
33	Vikāri ..	4821	1642	895	2	30 March (89)	1719	4	11 March (70)	7(a) & 12
34	Śarvari ..	4822	1643	896	3	29 March (89)	*1720	2	28 March (88)	
35	Plava ..	4823	1644	897	4	29 March (88)	1721	0	18 March (77)	
36	Śubhakṛit ..	4824	1645	898	5	29 March (88)	1722	4	7 March (66)	5
37	Śobhakṛit ‡ ..	4825	1646	899	0	30 March (89)	1723	3	26 March (85)	
38	Krodhi ..	4826	1647	900	1	29 March (89)	*1724	0	14 March (74)	
39	Viśvāvasu ..	4827	1648	901	2	29 March (88)	1725	5	4 March (63)	3
40	Parābhava ..	4828	1649	902	4	30 March (89)	1726	4	23 March (82)	
41	Plavaṅga ..	4829	1650	903	5	30 March (89)	1727	1	12 March (71)	
42	Kīlaka ..	4830	1651	904	6	29 March (89)	*1728	5	29 Feb. (60)	2
43	Saumya ..	4831	1652	905	0	29 March (88)	1729	4	19 March (78)	
44	Sādhāraṇa ..	4832	1653	906	2	30 March (89)	1730	2	9 March (68)	6
45	Virodhikṛit § ..	4833	1654	907	3	30 March (89)	1731	1	28 March (87)	
46	Paridhāvi ..	4834	1655	908	4	29 March (89)	*1732	5	16 March (76)	
47	Pramādi ¶ ..	4835	1656	909	5	29 March (88)	1733	2	5 March (64)	4
48	Ānanda ..	4836	1657	910	0	30 March (89)	1734	1	24 March (83)	
49	Rākshasa ..	4837	1658	911	1	30 March (89)	1735	6	14 March (73)	
50	Nala (Anala ?).	4838	1659	912	2	29 March (89)	*1736	3	2 March (62)	3
51	Piṅgala ..	4839	1660	913	3	29 March (88)	1737	2	21 March (80)	
52	Kālayukta ..	4840	1661	914	5	30 March (89)	1738	6	10 March (69)	7(a) & 12
53	Siddhārthi ..	4841	1662	915	6	30 March (89)	1739	5	29 March (88)	
54	Raudra, Raudri.	4842	1663	916	0	29 March (89)	*1740	3	18 March (78)	
55	Durmati ..	4843	1664	917	1	29 March (88)	1741	0	7 March (66)	5
56	Dundubhi ..	4844	1665	918	3	30 March (89)	1742	6	26 March (85)	
57	Rudhirodgāri ..	4845	1666	919	4	30 March (89)	1743	3	15 March (74)	
58	Raktākshi ‖ ..	4846	1667	920	5	29 March (89)	*1744	1	4 March (64)	4
59	Krodhana ..	4847	1668	921	6	29 March (88)	1745	6	22 March (81)	
60	Kshaya ** ..	4848	1669	922	1	30 March (89)	1746	4	12 March (71)	

* Hemalamba, Hemalambi.
† Vilamba.
‡ Śobhana.
§ Virodhakṛit, Virodhyādikṛit.
¶ Pramādicha.
‖ Raktāksha.
** Akshaya.
(a) Pushya (10) is suppressed.

Cyclic Year.		Concurrent Year.		Āṇḍu commencing in the Kali Yuga and Śaka Year.	Commencement					
					Of the Solar Year (Tamiḻ).			Of the Luni-solar Year (Telugu).		
Serial Number.	Name.	Kali Yuga.	Śaka.		Ferial Number.	Date in the English Calendar.	English Year.	Ferial Number.	Date in the English Calendar.	Repeated Month.
1	2	3	4	5	6	7	8	9	10	11
1	Prabhava ..	4849	1670	923	2	30 March (89)	1747	1	1 March (60)	2
2	Vibhava ..	4850	1671	924	3	29 March (89)	*1748	0	19 March (79)	
3	Śukla ..	4851	1672	925	4	29 March (88)	1749	4	8 March (67)	6
4	Pramoda * ..	4852	1673	926	6	30 March (89)	1750	3	27 March (86)	
5	Prajāpati † ..	4853	1674	927	0	30 March (89)	1751	1	17 March (76)	
6	Àṅgirasa ..	4854	1675	928	1	29 March (89)	*1752[1]	5	5 March (65)	4
7	Śrīmukha ..	4855	1676	929	2	9 April (99)	1753[1]	4	4 April (94)	
8	Bhāva ..	4856	1677	930	4	10 April (100)	1754	1	24 March (83)	
9	Yuva ..	4857	1678	931	5	10 April (100)	1755	6	14 March (73)	3
10	Dhātu ‡ ..	4858	1679	932	6	9 April (100)	*1756	5	1 April (92)	
11	Īśvara ..	4859	1680	933	1	10 April (100)	1757	2	21 March (80)	7
12	Bahudhānya ..	4860	1681	934	2	10 April (100)	1758	1	9 April (99)	
13	Pramādi § ..	4861	1682	935	3	10 April (100)	1759	5	29 March (88)	
14	Vikrama ..	4862	1683	936	4	9 April (100)	*1760	3	18 March (78)	5
15	Vishu ¶ ..	4863	1684	937	6	10 April (100)	1761	1	5 April (95)	
16	Chitrabhānu ..	4864	1685	938	0	10 April (100)	1762	6	26 March (85)	
17	Svabhānu ‖ ..	4865	1686	939	1	10 April (100)	1763	3	15 March (74)	4
18	Tāraṇa ..	4866	1687	940	2	9 April (100)	*1764	2	2 April (93)	
19	Pārthiva ..	4867	1688	941	4	10 April (100)	1765	6	22 March (81)	
20	Vyaya ..	4868	1689	942	5	10 April (100)	1766	4	12 March (71)	1
21	Sarvajit ..	4869	1690	943	6	10 April (100)	1767	3	31 March (90)	
22	Sarvadhāri ..	4870	1691	944	0	9 April (100)	*1768	0	19 March (79)	6
23	Virodhi ..	4871	1692	945	2	10 April (100)	1769	6	7 April (97)	
24	Vikṛiti ** ..	4872	1693	946	3	10 April (100)	1770	3	27 March (86)	
25	Khara ..	4873	1694	947	4	10 April (100)	1771	1	17 March (76)	4
26	Nandana ..	4874	1695	948	5	9 April (100)	*1772	0	4 April (95)	
27	Vijaya ..	4875	1696	949	0	10 April (100)	1773	4	24 March (83)	
28	Jaya ..	4876	1697	950	1	10 April (100)	1774	1	13 March (72)	2
29	Manmatha ..	4877	1698	951	2	10 April (100)	1775	0	1 April (91)	
30	Durmukhi ..	4878	1609	952	3	9 April (100)	*1776	5	21 March (81)	7

* Pramodūta. ‡ Dhātṛi ?. ¶ Vrishabha ? Bhṛisya. ** Vikṛita.
† Prajotpatti (?). § Pramāthin. ‖ Subhānu.

[1] On September 2nd, 1752, the New Style was introduced in England. The 5th and 29th March 1752 are therefore Old Style dates, and the 4th and 9th April 1753 are New Style (see above note 2, p. 5, and note 1, p. 64). After 3rd September 1752 the computation of all countries in Europe, including England, correspond except Russia and Greece, which still retain the Old Style.

Cyclic Year.		Concurrent Year.		Aṇḍu commencing in the Kali Yuga and Śaka Year.	Commencement					
					Of the Solar Year (Tamil).			Of the Luni-solar Year (Telugu).		
Serial Number.	Name.	Kali Yuga.	Śaka.		Ferial Number.	Date in the English Calendar.	English Year.	Ferial Number.	Date in the English Calendar.	Repeated Month.
1	2	3	4	5	6	7	8	9	10	11
31	Hevilamba * ..	4879	1700	953	5	10 April (100)	1777	4	9 April (99)	
32	Vilambi † ..	4880	1701	954	6	10 April (100)	1778	1	29 March (88)	
33	Vikāri ..	4881	1702	955	0	10 April (100)	1779	5	18 March (77)	5
34	Śarvari ..	4882	1703	956	1	9 April (100)	*1780	4	5 April (96)	
35	Plava ..	4883	1704	957	3	10 April (100)	1781	2	26 March (85)	
36	Śubhakṛit ..	4884	1705	958	4	10 April (100)	1782	6	15 March (74)	3
37	Śobhakṛit ‡ ..	4885	1706	959	5	10 April (100)	1783	5	3 April (93)	
38	Krodhi ..	4886	1707	960	0	10 April (101)	*1784	2	22 March (82)	
39	Viśvāvasu ..	4887	1708	961	1	10 April (100)	1785	0	12 March (71)	1
40	Parābhava ..	4888	1709	962	2	10 April (100)	1786	5	30 March (89)	
41	Plavaṅga ..	4889	1710	963	3	10 April (100)	1787	3	20 March (79)	5
42	Kīlaka ..	4890	1711	964	5	10 April (101)	*1788	2	7 April (98)	
43	Saumya ..	4891	1712	965	6	10 April (100)	1789	6	27 March (86)	
44	Sādhāraṇa ..	4892	1713	966	0	10 April (100)	1790	3	16 March (75)	4
45	Virodhikṛit § ..	4893	1714	967	1	10 April (100)	1791	2	4 April (94)	
46	Paridhāvi ..	4894	1715	968	3	10 April (101)	*1792	0	24 March (84)	
47	Pramādi ¶ ..	4895	1716	969	4	10 April (100)	1793	4	13 March (72)	2
48	Ānanda ..	4896	1717	970	5	10 April (100)	1794	3	1 April (91)	
49	Rākshasa ..	4897	1718	971	6	10 April (100)	1795	0	21 March (80)	6
50	Nala (Anala ?).	4898	1719	972	1	10 April (101)	*1796	6	8 April (99)	
51	Piṅgala ..	4899	1720	973	2	10 April (100)	1797	4	29 March (88)	
52	Kālayukta ..	4900	1721	974	3	10 April (100)	1798	1	18 March (77)	5
53	Siddhārthi ..	4901	1722	975	4	10 April (100)	1799	0	6 April (96)	
54	Raudra, Raudri.	4902	1723	976	6	11 April (101)	1800[1]	4	26 March (85)	
55	Durmati ..	4903	1724	977	0	11 April (101)	1801	2	16 March (75)	3
56	Dundubhi ..	4904	1725	978	1	11 April (101)	1802	0	3 April (93)	
57	Rudhirodgāri ..	4905	1726	979	2	11 April (101)	1803	5	24 March (83)	
58	Raktākshi ‖ ..	4906	1727	980	4	11 April (102)	*1804	2	12 March (72)	1
59	Krodhana ..	4907	1728	981	5	11 April (101)	1805	1	31 March (90)	
60	Kshaya ** ..	4908	1729	982	6	11 April (101)	1806	5	20 March. (79)	5

* Hemalamba, Hemalambi.
† Vilamba.
‡ Śobhana.
§ Virodhakrit, Virodhyādikrit.
¶ Pramādicha.
‖ Raktāksha.
** Akshaya.
[1] The year 1800 was not a leap year.

Cyclic Year.		Concurrent Year.		Âṇḍu commencing in the Kali Yuga and Śaka Year.	Commencement					
					Of the Solar Year (Tamiḻ).			Of the Luni-solar Year (Telugu).		
Serial Number.	Name.	Kali Yuga.	Śaka.		Ferial Number.	Date in the English Calendar.	English Year.	Ferial Number.	Date in the English Calendar.	Repeated Month.
1	2	3	4	5	6	7	8	9	10	11
1	Prabhava ..	4909	1730	983	0	11 April (101)	**1807**	4	8 April (98)	
2	Vibhava ..	4910	1731	984	2	11 April (102)	***1808**	2	28 March (88)	
3	Śukla ..	4911	1732	985	3	11 April (101)	**1809**	6	17 March (76)	4
4	Pramoda * ..	4912	1733	986	4	11 April (101)	**1810**	5	5 April (95)	
5	Prajāpati † ..	4913	1734	987	5	11 April (101)	**1811**	2	25 March (84)	
6	Āṅgirasa ..	4914	1735	988	0	11 April (102)	***1812**	0	14 March (74)	1
7	Śrīmukha ..	4915	1736	989	1	11 April (101)	**1813**	6	2 April (92)	
8	Bhāva ..	4916	1737	990	2	11 April (101)	**1814**	3	22 March (81)	6
9	Yuva ..	4917	1738	991	4	12 April (102)	**1815**	2	10 April (100)	
10	Dhātu ‡ ..	4918	1739	992	5	11 April (102)	***1816**	6	29 March (89)	
11	Īśvara ..	4919	1740	993	6	11 April (101)	**1817**	4	19 March (78)	5
12	Bahudhānya ..	4920	1741	994	0	11 April (101)	**1818**	3	7 April (97)	
13	Pramādi § ..	4921	1742	995	2	12 April (102)	**1819**	0	27 March (86)	
14	Vikrama ..	4922	1743	996	3	11 April (102)	***1820**	4	15 March (75)	3
15	Vishu ¶ ..	4923	1744	997	4	11 April (101)	**1821**	3	3 April (93)	
16	Chitrabhānu ..	4924	1745	998	5	11 April (101)	**1822**	1	24 March (83)	7 (*a*)
17	Svabhānu ‖ ..	4925	1746	999	0	12 April (102)	**1823**	5	13 March (72)	1
18	Tāraṇa ..	4926	1747	1000	1	11 April (102)	***1824**	4	31 March (91)	
19	Pārthiva ..	4927	1748	1001	2	11 April (101)	**1825**	1	20 March (79)	5
20	Vyaya ..	4928	1749	1002	3	11 April (101)	**1826**	0	8 April (98)	
21	Sarvajit ..	4929	1750	1003	5	12 April (102)	**1827**	4	28 March (87)	
22	Sarvadhāri ..	4930	1751	1004	6	11 April (102)	***1828**	2	17 March (77)	4
23	Virodhi ..	4931	1752	1005	0	11 April (101)	**1829**	1	5 April (95)	
24	Vikṛiti ** ..	4932	1753	1006	1	11 April (101)	**1830**	5	25 March (84)	
25	Khara ..	4933	1754	1007	3	12 April (102)	**1831**	2	14 March (73)	2
26	Nandana ..	4934	1755	1008	4	11 April (102)	***1832**	1	1 April (92)	
27	Vijaya ..	4935	1756	1009	5	11 April (101)	**1833**	6	22 March (81)	6
28	Jaya ..	4936	1757	1010	6	11 April (101)	**1834**	5	10 April (100)	
29	Manmatha ..	4937	1758	1011	1	12 April (102)	**1835**	2	30 March (89)	
30	Durmukhi ..	4938	1759	1012	2	11 April (102)	***1836**	6	18 March (78)	4

* Pramodûta. † Prajotpatti (?). ‡ Dhātri ?. § Pramathin. ¶ Vrishabha ? Bhriśya. ‖ Subhanu. ** Vikṛita.

(*a*) Pushya (10) is suppressed.

Cyclic Year.		Concurrent Year.		Aṇḍu commencing in the Kali Yuga and Śaka Year.	Commencement					
					Of the Solar Year (Tamiḻ).			Of the Luni-solar Year (Telugu).		
Serial Number.	Name.	Kali Yuga.	Śaka.		Ferial Number.	Date in the English Calendar.	English Year.	Ferial Number.	Date in the English Calendar.	Repeated Month.
1	2	3	4	5	6	7	8	9	10	11
31	Hevilamba * ..	4939	1760	1013	3	11 April (101)	**1837**	5	6 April (96)	
32	Vilambi † ..	4940	1761	1014	4	11 April (101)	**1838**	3	27 March (86)	
33	Vikāri ..	4941	1762	1015	6	12 April (102)	**1839**	0	16 March (75)	3
34	Śarvari ..	4942	1763	1016	0	11 April (102)	***1840**	6	3 April (94)	
35	Plava ..	4943	1764	1017	1	11 April (101)	**1841**	3	23 March (82)	8 (a) & 12
36	Śubhakṛit ..	4944	1765	1018	3	12 April (102)	**1842**	2	11 April (101)	
37	Śobhakṛit ‡ ..	4945	1766	1019	4	12 April (102)	**1843**	6	31 March (90)	
38	Krodhi ..	4946	1767	1020	5	11 April (102)	***1844**	4	20 March (80)	5
39	Viśvāvasu ..	4947	1768	1021	6	11 April (101)	**1845**	3	8 April (98)	
40	Parābhava ..	4948	1769	1022	1	12 April (102)	**1846**	0	28 March (87)	
41	Plavaṅga ..	4949	1770	1023	2	12 April (102)	**1847**	4	17 March (76)	4
42	Kīlaka ..	4950	1771	1024	3	11 April (102)	***1848**	3	4 April (95)	
43	Saumya ..	4951	1772	1025	4	11 April (101)	**1849**	1	25 March (84)	
44	Sādhāraṇa ..	4952	1773	1026	6	12 April (102)	**1850**	5	14 March (73)	2
45	Virodhikṛit § ..	4953	1774	1027	0	12 April (102)	**1851**	4	2 April (92)	
46	Paridhāvi ..	4954	1775	1028	1	11 April (102)	***1852**	1	21 March (81)	5
47	Pramādi ¶ ..	4955	1776	1029	2	11 April (101)	**1853**	0	9 April (99)	
48	Ānanda ..	4956	1777	1030	4	12 April (102)	**1854**	5	30 March (89)	
49	Rākshasa ..	4957	1778	1031	5	12 April (102)	**1855**	2	19 March (78)	4
50	Nala (Anala ?).	4958	1779	1032	6	11 April (102)	***1856**	1	6 April (97)	
51	Piṅgala ..	4959	1780	1033	0	11 April (101)	**1857**	5	26 March (85)	
52	Kālayukta ..	4960	1781	1034	2	12 April (102)	**1858**	3	16 March (75)	3
53	Siddhārthi ..	4961	1782	1035	3	12 April (102)	**1859**	2	4 April (94)	
54	Raudra, Raudri	4962	1783	1036	4	11 April (102)	***1860**	6	23 March (83)	8 (b) & 1:
55	Durmati ..	4963	1784	1037	5	11 April (101)	**1861**	5	11 April (101)	
56	Dundubhi ..	4964	1785	1038	0	12 April (102)	**1862**	2	31 March (90)	
57	Rudhirodgāri..	4965	1786	1039	1	12 April (102)	**1863**	0	21 March (80)	5
58	Raktākshi ‖ ..	4966	1787	1040	2	11 April (102)	***1864**	5	7 April (98)	
59	Krodhana ..	4967	1788	1041	3	11 April (101)	**1865**	3	28 March (87)	
60	Kshaya ** ..	4968	1789	1042	5	12 April (102)	**1866**	0	17 March (76)	4

* Hemalamba, Hemalambi.
† Vilamba.
‡ Śobhana.
§ Virodhakṛit, Virodhyādikṛit.
¶ Pramādicha.
‖ Raktaksha.
** Akshaya.

(a) Pushya (10) was suppressed in the Dakhan.
(b) Mārgaśira (9) is suppressed.

Cyclic Year.		Concurrent Year.		Apdu commencing in the Kali Yuga and Śaka Year.	Commencement					
					Of the Solar Year (Tamil).			Of the Luni-solar Year (Telugu).		
Serial Number.	Name.	Kali Yuga.	Śaka.		Ferial Number.	Date in the English Calendar.	English Year.	Ferial Number.	Date in the English Calendar.	Repeated Month.
1	2	3	4	5	6	7	8	9	10	11
1	Prabhava ..	4969	1790	1043	6	12 April (102)	1867	6	5 April (95)	
2	Vibhava ..	4970	1791	1044	0	11 April (102)	*1868	3	24 March (84)	
3	Śukla ..	4971	1792	1045	1	11 April (101)	1869	1	14 March (73)	2
4	Pramoda * ..	4972	1793	1046	3	12 April (102)	1870	0	2 April (92)	
5	Prajāpati † ..	4973	1794	1047	4	12 April (102)	1871	4	22 March (81)	6
6	Āṅgirasa ..	4974	1795	1048	5	11 April (102)	*1872	3	9 April (100)	
7	Śrīmukha ..	4975	1796	1049	0	12 April (102)	1873	0	29 March (88)	
8	Bhāva ..	4976	1797	1050	1	12 April (102)	1874	5	19 March (78)	4
9	Yuva ..	4977	1798	1051	2	12 April (102)	1875	4	7 April (97)	
10	Dhātu ‡ ..	4978	1799	1052	3	11 April (102)	*1876	1	26 March (86)	
11	Īśvara ..	4979	1800	1053	5	12 April (102)	1877	5	15 March (74)	3
12	Bahudhānya ..	4980	1801	1054	6	12 April (102)	1878	4	3 April (93)	
13	Pramādi § ..	4981	1802	1055	0	12 April (102)	1879	2	24 March (83)	6
14	Vikrama ..	4982	1803	1056	1	11 April (102)	*1880	0	10 April (101)	
15	Vishu ¶ ..	4983	1804	1057	3	12 April (102)	1881	5	31 March (90)	
16	Chitrabhānu ..	4984	1805	1058	4	12 April (102)	1882	2	20 March (79)	5
17	Svabhānu ‖ ..	4985	1806	1059	5	12 April (102)	1883	1	8 April (98)	
18	Tāraṇa ..	4986	1807	1060	6	11 April (102)	*1884	5	27 March (87)	
19	Pārthiva ..	4987	1808	1061	1	12 April (102)	1885	3	17 March (76)	3
20	Vyaya ..	4988	1809	1062	2	12 April (102)	1886	2	5 April (95)	
21	Sarvajit ..	4989	1810	1063	3	12 April (102)	1887	6	25 March (84)	
22	Sarvadhāri ..	4990	1811	1064	4	11 April (102)	*1888	3	13 March (73)	2
23	Virodhi ..	4991	1812	1065	6	12 April (102)	1889	2	1 April (91)	
24	Vikṛiti ** ..	4992	1813	1066	0	12 April (102)	1890	0	22 March (81)	6
25	Khara ..	4993	1814	1067	1	12 April (102)	1891	6	10 April (100)	
26	Nandana ..	4994	1815	1068	2	11 April (102)	*1892	3	29 March (89)	
27	Vijaya ..	4995	1816	1069	4	12 April (102)	1893	0	18 March (77)	4
28	Jaya ..	4996	1817	1070	5	12 April (102)	1894	6	6 April (96)	
29	Manmatha ..	4997	1818	1071	6	12 April (102)	1895	4	27 March (86)	
30	Durmukhi ..	4998	1819	1072	0	11 April (102)	*1896	1	15 March (75)	3

* Pramodūta.
† Prajotpatti (?).
‡ Dhātri ?.
§ Pramāthin.
¶ Vrishabha ? Bhriśya.
‖ Subhānu.
** Vikṛita.

Cyclic Year.		Concurrent Year.		Andu commencing in the Kali Yuga and Saka Year.	Commencement					
					Of the Solar Year (Tamil).			Of the Luni-solar Year (Telugu).		
Serial Number.	Name.	Kali Yuga.	Śaka.		Ferial Number.	Date in the English Calendar.	English Year.	Ferial Number.	Date in the English Calendar.	Repeated Month.
1	2	3	4	5	6	7	8	9	10	11
31	Hevilamba * ..	4999	1820	1073	2	12 April (102)	1897	0	3 April (93)	
32	Vilambi † ..	5000	1821	1074	3	12 April (102)	1898	4	23 March (82)	7
33	Vikāri ..	5001	1822	1075	4	12 April (102)	1899	3	11 April (101)	
34	Śarvari ..	5002	1823	1076	6	13 April (103)	1900[1]	1	1 April (91)	
35	Plava ..	5003	1824	1077	0	13 April (103)	1901	5	21 March (80)	5
36	Śubhakṛit ..	5004	1825	1078	1	13 April (103)	1902	4	9 April (99)	
37	Śobhakṛit ‡ ..	5005	1826	1079	2	13 April (103)	1903	1	29 March (88)	
38	Krodhi ..	5006	1827	1080	4	13 April (104)	*1904	6	18 March (78)	3
39	Viśvāvasu ..	5007	1828	1081	5	13 April (103)	1905	4	5 April (95)	
40	Parābhava ..	5008	1829	1082	6	13 April (103)	1906	2	26 March (85)	
41	Plavaṅga ..	5009	1830	1083	0	13 April (103)	1907	6	15 March (74)	2
42	Kīlaka ..	5010	1831	1084	2	13 April (104)	*1908	5	2 April (93)	
43	Saumya ..	5011	1832	1085	3	13 April (103)	1909	2	22 March (81)	6
44	Sādhāraṇa ..	5012	1833	1086	4	13 April (103)	1910	1	10 April (100)	
45	Virodhikṛit § ..	5013	1834	1087	5	13 April (103)	1911	6	31 March (90)	
46	Paridhāvi ..	5014	1835	1088	0	13 April (104)	*1912	3	19 March (79)	4
47	Pramādi ¶ ..	5015	1836	1089	1	13 April (103)	1913	2	7 April (97)	
48	Ānanda ..	5016	1837	1090	2	13 April (103)	1914	6	27 March (86)	
49	Rākshasa ..	5017	1838	1091	3	13 April (103)	1915	4	17 March (76)	3
50	Nala (Anala?).	5018	1839	1092	5	13 April (104)	*1916	3	4 April (95)	
51	Piṅgala ..	5019	1840	1093	6	13 April (103)	1917	0	24 March (83)	7
52	Kālayukta ..	5020	1841	1094	0	13 April (103)	1918	6	12 April (102)	
53	Siddhārthi ..	5021	1842	1095	1	13 April (103)	1919	3	1 April (91)	
54	Raudra, Raudri.	5022	1843	1096	3	13 April (104)	*1920	1	21 March (81)	5
55	Durmati ..	5023	1844	1097	4	13 April (103)	1921	0	9 April (99)	
56	Dundubhi ..	5024	1845	1098	5	13 April (103)	1922	4	29 March (88)	
57	Rudhirodgāri ..	5025	1846	1099	6	13 April (103)	1923	1	18 March (77)	3
58	Raktākshi ‖ ..	5026	1847	1100	1	13 April (104)	*1924	0	5 April (96)	
59	Krodhana ..	5027	1848	1101	2	13 April (103)	1925	4	25 March (84)	
60	Kshaya ** ..	5028	1849	1102	3	13 April (103)	1926	2	15 March (74)	1

* Hemalamba, Hemalambi.
† Vilamba.
‡ Śobhana.
§ Virodhakṛit, Virodhyadikṛit.
¶ Pramādicha.
‖ Raktāksha.
** Akshaya.

[1] The year 1900 will not be a leap-year.

Cyclic Year.		Concurrent Year.		Āṇḍu commencing in the Kali Yuga and Saka Year.	Commencement					
					Of the Solar Year (Tamil).			Of the Luni-solar Year (Telugu).		
Serial Number.	Name.	Kali Yuga.	Śaka.		Ferial Number.	Date in the English Calendar.	English Year.	Ferial Number.	Date in the English Calendar.	Repeated Month.
1	2	3	4	5	6	7	8	9	10	11
1	Prabhava ..	5029	1850	1103	4	13 April (103)	**1927**	1	3 April (93)	
2	Vibhava ..	5030	1851	1104	6	13 April (104)	***1928**	5	22 March (82)	6
3	Śukla ..	5031	1852	1105	0	13 April (103)	**1929**	4	10 April (100)	
4	Pramoda * ..	5032	1853	1106	1	13 April (103)	**1930**	1	30 March (89)	
5	Prajāpati † ..	5033	1854	1107	3	14 April (104)	**1931**	6	20 March (79)	4
6	Āṅgirasa ..	5034	1855	1108	4	13 April (104)	***1932**	5	7 April (98)	
7	Śrīmukha ..	5035	1856	1109	5	13 April (103)	**1933**	2	27 March (86)	
8	Bhāva ..	5036	1857	1110	6	13 April (103)	**1934**	6	16 March (75)	2
9	Yuva ..	5037	1858	1111	1	14 April (104)	**1935**	5	4 April (94)	
10	Dhātu ‡ ..	5038	1859	1112	2	13 April (104)	***1936**	3	24 March (84)	7
11	Īśvara ..	5039	1860	1113	3	13 April (103)	**1937**	2	12 April (102)	
12	Bahudhānya ..	5040	1861	1114	4	13 April (103)	**1938**	6	1 April (91)	
13	Pramādi § ..	5041	1862	1115	6	14 April (104)	**1939**	3	21 March (80)	4
14	Vikrama ..	5042	1863	1116	0	13 April (104)	***1940**	2	8 April (99)	
15	Vishu ¶ ..	5043	1864	1117	1	13 April (103)	**1941**	0	29 March (88)	
16	Chitrabhānu ..	5044	1865	1118	2	13 April (103)	**1942**	4	18 March (77)	3
17	Svabhānu ‖ ..	5045	1866	1119	4	14 April (104)	**1943**	3	6 April (96)	
18	Tāraṇa ..	5046	1867	1120	5	13 April (104)	***1944**	0	25 March (85)	8(a)
19	Pārthiva ..	5047	1868	1121	6	13 April (103)	**1945**	5	15 March (74)	1
20	Vyaya ..	5048	1869	1122	0	13 April (103)	**1946**	3	2 April (92)	
21	Sarvajit ..	5049	1870	1123	2	14 April (104)	**1947**	1	23 March (82)	5
22	Sarvadhāri ..	5050	1871	1124	3	13 April (104)	***1948**	0	10 April (101)	
23	Virodhi ..	5051	1872	1125	4	13 April (103)	**1949**	4	30 March (89)	
24	Vikṛiti ** ..	5052	1873	1126	5	13 April (103)	**1950**	1	19 March (78)	4
25	Khara ..	5053	1874	1127	0	14 April (104)	**1951**	0	7 April (97)	
26	Nandana ..	5054	1875	1128	1	13 April (104)	***1952**	5	27 March (87)	
27	Vijaya ..	5055	1876	1129	2	13 April (103)	**1953**	2	16 March (75)	2
28	Jaya ..	5056	1877	1130	3	13 April (103)	**1954**	1	4 April (94)	
29	Manmatha ..	5057	1878	1131	5	14 April (104)	**1955**	5	24 March (83)	7
30	Durmukhi ..	5058	1879	1132	6	13 April (104)	***1956**	4	11 April (102)	

* Pramodūta.
† Prajotpatti (?).
‡ Dhātri?.
§ Pramāthin.
¶ Vrishabha? Bhṛiśya.
‖ Subhānu.
** Vikṛita.

(a) Mārgaśira (9) is suppressed.

Cyclic Year.		Concurrent Year.		Āpdu commencing in the Kali Yuga and Śaka Year.	Commencement					
					Of the Solar Year (Tamil).		Of the Luni-solar Year (Telugu).			
Serial Number.	Name.	Kali Yuga.	Śaka.		Ferial Number.	Date in the English Calendar.	English Year.	Ferial Number.	Date in the English Calendar.	Repeated Month.
1	2	3	4	5	6	7	8	9	10	11
31	Hevilamba * ..	5059	1880	1133	0	13 April (103)	1957	2	1 April (91)	
32	Vilambi † ..	5060	1881	1134	2	14 April (104)	1958	6	21 March (80)	5
33	Vikāri ..	5061	1882	1135	3	14 April (104)	1959	5	9 April (99)	
34	Śarvari ..	5062	1883	1136	4	13 April (104)	*1960	2	28 March (88)	
35	Plava ..	5063	1884	1137	5	13 April (103)	1961	0	18 March (77)	3
36	Śubhakṛit ..	5064	1885	1138	0	14 April (104)	1962	6	6 April (96)	
37	Śobhakṛit ‡ ..	5065	1886	1139	1	14 April (104)	1963	3	26 March (85)	8(a) & 12
38	Krodhi ..	5066	1887	1140	2	13 April (104)	*1964	2	13 April (104)	
39	Viśvāvasu ..	5067	1888	1141	3	13 April (103)	1965	6	2 April (92)	
40	Parābhava ..	5068	1889	1142	5	14 April (104)	1966	4	23 March (82)	5
41	Plavaṅga ..	5069	1890	1143	6	14 April (104)	1967	2	10 April (100)	
42	Kīlaka ..	5070	1891	1144	0	13 April (104)	*1968	0	30 March (90)	
43	Saumya ..	5071	1892	1145	1	13 April (103)	1969	4	19 March (78)	4
44	Sādhāraṇa ..	5072	1893	1146	3	14 April (104)	1970	3	7 April (97)	
45	Virodhikṛit § ..	5073	1894	1147	4	14 April (104)	1971	0	27 March (86)	
46	Paridhāvi ..	5074	1895	1148	5	13 April (104)	*1972	5	16 March (76)	1
47	Pramādi ¶ ..	5075	1896	1149	6	13 April (103)	1973	4	4 April (94)	
48	Ānanda ..	5076	1897	1150	1	14 April (104)	1974	1	24 March (83)	6
49	Rākshasa ..	5077	1898	1151	2	14 April (104)	1975	0	12 April (102)	
50	Nala (Anala ?).	5078	1899	1152	3	13 April (104)	*1976	4	31 March (91)	
51	Piṅgala ..	5079	1900	1153	4	13 April (103)	1977	2	21 March (80)	5
52	Kālayukta ..	5080	1901	1154	6	14 April (104)	1978	1	9 April (99)	
53	Siddhārthi ..	5081	1902	1155	0	14 April (104)	1979	5	29 March (88)	
54	Raudra, Raudri.	5082	1903	1156	1	13 April (104)	*1980	2	17 March (77)	3
55	Durmati ..	5083	1904	1157	2	13 April (103)	1981	1	5 April (95)	
56	Dundubhi ..	5084	1905	1158	4	14 April (104)	1982	6	26 March (85)	7(b) & 12
57	Rudhirodgāri ..	5085	1906	1159	5	14 April (104)	1983	4	13 April (103)	
58	Raktākshi ‖ ..	5086	1907	1160	6	13 April (104)	*1984	2	2 April (93)	
59	Krodhana ..	5087	1908	1161	1	14 April (104)	1985	6	22 March (81)	5
60	Kshaya ** ..	5088	1909	1162	2	14 April (104)	1986	5	10 April (100)	

* Hemalamba, Hemalambi. † Vilamba. ‡ Śobhana. § Virodhakṛit, Virodhyadikṛit. ¶ Pramādicha. ‖ Raktāksha. ** Akshaya.

(a) Margaśira (9) is suppressed. (b) Pushya (10) is suppressed.

Cyclic Year.		Concurrent Year.		Āṇḍu commencing in the Kali Yuga and Śaka Year.	Commencement					
					Of the Solar Year (Tamil).			Of the Luni-solar Year (Telugu).		
Serial Number.	Name.	Kali Yuga.	Śaka.		Ferial Number.	Date in the English Calendar.	English Year.	Ferial Number.	Date in the English Calendar.	Repeated Month.
1	2	3	4	5	6	7	8	9	10	11
1	Prabhava ..	5089	1910	1163	3	14 April (104)	1987	2	30 March (89)	
2	Vibhava ..	5090	1911	1164	4	13 April (104)	*1988	0	19 March (79)	3
3	Śukla ..	5091	1912	1165	6	14 April (104)	1989	6	7 April (97)	
4	Pramoda * ..	5092	1913	1166	0	14 April (104)	1990	3	27 March (86)	
5	Prajāpati † ..	5093	1914	1167	1	14 April (104)	1991	0	16 March (75)	2
6	Āṅgirasa ..	5094	1915	1168	2	13 April (104)	*1992	6	3 April (94)	
7	Śrīmukha ..	5095	1916	1169	4	14 April (104)	1993	4	24 March (83)	6
8	Bhāva ..	5096	1917	1170	5	14 April (104)	1994	3	12 April (102)	
9	Yuva ..	5097	1918	1171	6	14 April (104)	1995	0	1 April (91)	
10	Dhātu ‡ ..	5098	1919	1172	0	13 April (104)	*1996	4	20 March (80)	4
11	Īśvara ..	5099	1920	1173	2	14 April (104)	1997	3	8 April (98)	
12	Bahudhānya ..	5100	1921	1174	3	14 April (104)	1998	1	29 March (88)	
13	Pramādi § ..	5101	1922	1175	4	14 April (104)	1999	5	18 March (77)	3
14	Vikrama ..	5102	1923	1176	5	13 April (104)	*2000	4	5 April (96)	

* Pramodūta. † Prajotpatti (?). ‡ Dhātri ?. § Pramāthin.

TABLE D.

TABLE SHOWING THE INITIAL DATES OF THE HIJRA YEARS, ACCORDING TO THE ENGLISH CALENDAR, AND THEIR CORRESPONDING DAYS OF THE WEEK.

EXPLANATION.

Col. 2.—The figures inserted in this column indicate the *feriæ* or days of the week answering to the initial dates, commencing with Sunday as 1.

Col. 3.—The figures within brackets in this column stand for the number of days from the beginning of the year to the date entered by their side.

NOTE 1.—*The asterisks indicate leap-years.*

2.—*Up to Hijra 1165 inclusive, the commencement of the year in the English Calendar is given in the Old Style.*

Hijra year.	Commencement.		Hijra year.	Commencement.		Hijra year.	Commencement.	
	Ferial Number.	Date in the English Calendar.		Ferial Number.	Date in the English Calendar.		Ferial Number.	Date in the English Calendar.
1	2	3	1	2	3	1	2	3
1	6	16 July 622 (197)	*24	1	7 Nov. 644* (312)	47	4	3 Mar. 667 (62)
*2	3	5 July 623 (186)	25	6	28 Oct. 645 (301)	*48	1	20 Feb. 668* (51)
3	1	24 June 624* (176)	*26	3	17 Oct. 646 (290)	49	6	9 Feb. 669 (40)
4	5	13 June 625 (164)	27	1	7 Oct. 647 (280)	50	3	29 Jan. 670 (29)
*5	2	2 June 626 (153)	28	5	25 Sep. 648* (269)	*51	0	18 Jan. 671 (18)
6	0	23 May 627 (143)	*29	2	14 Sep. 649 (257)	52	5	8 Jan. 672* (8)
*7	4	11 May 628* (132)	30	0	4 Sep. 650 (247)	53	2	27 Dec. 672* (362)
8	2	1 May 629 (121)	31	4	24 Aug. 651 (236)	*54	6	16 Dec. 673 (350)
9	6	20 Apr. 630 (110)	*32	1	12 Aug. 652* (225)	55	4	6 Dec. 674 (340)
*10	3	9 Apr. 631 (99)	33	6	2 Aug. 653 (214)	*56	1	25 Nov. 675 (329)
11	1	29 Mar. 632* (89)	34	3	22 July 654 (203)	57	6	14 Nov. 676* (319)
12	5	18 Mar. 633 (77)	*35	0	11 July 655 (192)	58	3	3 Nov. 677 (307)
*13	2	7 Mar. 634 (66)	36	5	30 June 656* (182)	*59	0	23 Oct. 678 (296)
14	0	25 Feb. 635 (56)	*37	2	19 June 657 (170)	60	5	13 Oct. 679 (286)
15	4	14 Feb. 636* (45)	38	0	9 June 658 (160)	61	2	1 Oct. 680* (275)
*16	1	2 Feb. 637 (33)	39	4	29 May 659 (149)	*62	6	20 Sep. 681 (263)
17	6	23 Jan. 638 (23)	*40	1	17 May 660* (138)	63	4	10 Sep. 682 (253)
*18	3	12 Jan. 639 (12)	41	6	7 May 661 (127)	64	1	30 Aug. 683 (242)
19	1	2 Jan. 640* (2)	42	3	26 Apr. 662 (116)	*65	5	18 Aug. 684* (231)
20	5	21 Dec. 640* (356)	*43	0	15 Apr. 663 (105)	66	3	8 Aug. 685 (220)
*21	2	10 Dec. 641 (344)	44	5	4 Apr. 664* (95)	*67	0	28 July 686 (209)
22	0	30 Nov. 642 (334)	45	2	24 Mar. 665 (83)	68	5	18 July 687 (199)
23	4	19 Nov. 643 (323)	*46	6	13 Mar. 666 (72)	69	2	6 July 688* (188)

Hijra year.	Commencement.		Hijra year.	Commencement.		Hijra year.	Commencement.	
	Ferial Number.	Date in the English Calendar.		Ferial Number.	Date in the English Calendar.		Ferial Number.	Date in the English Calendar.
1	2	3	1	2	3	1	2	3
* 70	6	25 June 689 (176)	104	1	21 June 722 (172)	* 138	2	16 June 755 (167)
71	4	15 June 690 (166)	105	5	10 June 723 (161)	139	0	5 June 756* (157)
72	1	4 June 691 (155)	* 106	2	29 May 724* (150)	140	4	25 May 757 (145)
* 73	5	23 May 692* (144)	107	0	19 May 725 (139)	* 141	1	14 May 758 (134)
74	3	13 May 693 (133)	* 108	4	8 May 726 (128)	142	6	4 May 759 (124)
75	0	2 May 694 (122)	109	2	28 Apr. 727 (118)	143	3	22 Apr. 760* (113)
* 76	4	21 Apr. 695 (111)	110	6	16 Apr. 728* (107)	* 144	0	11 Apr. 761 (101)
77	2	10 Apr. 696* (101)	* 111	3	5 Apr. 729 (95)	145	5	1 Apr. 762 (91)
* 78	6	30 Mar. 697 (89)	112	1	26 Mar. 730 (85)	* 146	2	21 Mar. 763 (80)
79	4	20 Mar. 698 (79)	113	5	15 Mar. 731 (74)	147	0	10 Mar. 764* (70)
80	1	9 Mar. 699 (68)	* 114	2	3 Mar. 732* (63)	148	4	27 Feb. 765 (58)
* 81	5	26 Feb. 700* (57)	115	0	21 Feb. 733 (52)	* 149	1	16 Feb. 766 (47)
82	3	15 Feb. 701 (46)	* 116	4	10 Feb. 734 (41)	150	6	6 Feb. 767 (37)
83	0	4 Feb. 702 (35)	117	2	31 Jan. 735 (31)	151	3	26 Jan. 768* (26)
* 84	4	24 Jan. 703 (24)	118	6	20 Jan. 736* (20)	* 152	0	14 Jan. 769 (14)
85	2	14 Jan. 704* (14)	* 119	3	8 Jan. 737 (8)	153	5	4 Jan. 770 (4)
* 86	6	2 Jan. 705 (2)	120	1	29 Dec. 737 (363)	154	2	24 Dec. 770 (358)
87	4	23 Dec. 705 (357)	121	5	18 Dec. 738 (352)	* 155	6	13 Dec. 771 (347)
88	1	12 Dec. 706 (346)	* 122	2	7 Dec. 739 (341)	156	4	2 Dec. 772* (337)
* 89	5	1 Dec. 707 (335)	123	0	26 Nov. 740* (331)	* 157	1	21 Nov. 773 (325)
90	3	20 Nov. 708* (325)	124	4	15 Nov. 741 (319)	158	6	11 Nov. 774 (315)
91	0	9 Nov. 709 (313)	* 125	1	4 Nov. 742 (308)	159	3	31 Oct. 775 (304)
* 92	4	29 Oct. 710 (302)	126	6	25 Oct. 743 (298)	* 160	0	19 Oct. 776* (293)
93	2	19 Oct. 711 (292)	* 127	3	13 Oct. 744* (287)	161	5	9 Oct. 777 (282)
94	6	7 Oct. 712* (281)	128	1	3 Oct. 745 (276)	162	2	28 Sep. 778 (271)
* 95	3	26 Sep. 713 (269)	129	5	22 Sep. 746 (265)	* 163	6	17 Sep. 779 (260)
96	1	16 Sep. 714 (259)	* 130	2	11 Sep. 747 (254)	164	4	6 Sep. 780* (250)
* 97	5	5 Sep. 715 (248)	131	0	31 Aug. 748* (244)	165	1	26 Aug. 781 (238)
98	3	25 Aug. 716* (238)	132	4	20 Aug. 749 (232)	* 166	5	15 Aug. 782 (227)
99	0	14 Aug. 717 (226)	* 133	1	9 Aug. 750 (221)	167	3	5 Aug. 783 (217)
* 100	4	3 Aug. 718 (215)	134	6	30 July 751 (211)	* 168	0	24 July 784* (206)
101	2	24 July 719 (205)	135	3	18 July 752* (200)	169	5	14 July 785 (195)
102	6	12 July 720* (194)	* 136	0	7 July 753 (188)	170	2	3 July 786 (184)
* 103	3	1 July 721 (182)	137	5	27 June 754 (178)	* 171	6	22 June 787 (173)

Hijra year.	Commencement.		Hijra year.	Commencement.		Hijra year.	Commencement.	
	Ferial Number.	Date in the English Calendar.		Ferial Number.	Date in the English Calendar.		Ferial Number.	Date in the English Calendar.
1	2	3	1	2	3	1	2	3
172	4	11 June 788* (163)	*206	5	6 June 821 (157)	240	0	2 June 854 (153)
173	1	31 May 789 (151)	207	3	27 May 822 (147)	241	4	22 May 855 (142)
*174	5	20 May 790 (140)	208	0	16 May 823 (136)	*242	1	10 May 856* (131)
175	3	10 May 791 (130)	*209	4	4 May 824* (125)	243	6	30 Apr. 857 (120)
*176	0	28 April 792* (119)	210	2	24 Apr. 825 (114)	244	3	19 Apr. 858 (109)
177	5	18 April 493 (108)	211	6	13 Apr. 826 (103)	*245	0	8 Apr. 859 (98)
178	2	7 April 794 (97)	*212	3	2 Apr. 827 (92)	246	5	28 Mar. 860* (88)
*179	6	27 Mar. 795 (86)	213	1	22 Mar. 828* (82)	*247	2	17 Mar. 861 (76)
180	4	16 Mar. 796* (76)	214	5	11 Mar. 829 (70)	248	0	7 Mar. 862 (66)
181	1	5 Mar. 797 (64)	*215	2	28 Feb. 830 (59)	249	4	24 Feb 863 (55)
*182	5	22 Feb. 798 (53)	216	0	18 Feb. 831 (49)	*250	1	13 Feb. 864* (44)
183	3	12 Feb. 799 (43)	*217	4	7 Feb. 832* (38)	251	6	2 Feb. 865 (33)
184	0	1 Feb. 800* (32)	218	2	27 Jan. 833 (27)	252	3	22 Jan. 866 (22)
*185	4	20 Jan. 801 (20)	219	6	16 Jan. 834 (16)	*253	0	11 Jan. 867 (11)
186	2	10 Jan. 802 (10)	*220	3	5 Jan. 835 (5)	254	5	1 Jan. 868* (1)
*187	6	30 Dec. 802 (364)	221	1	26 Dec. 835 (360)	255	2	20 Dec. 868* (355)
188	4	20 Dec. 803 (354)	222	5	14 Dec. 836* (349)	*256	6	9 Dec. 869 (343)
189	1	8 Dec. 804* (343)	*223	2	3 Dec. 837 (337)	257	4	29 Nov. 870 (333)
*190	5	27 Nov. 805 (331)	224	0	23 Nov. 838 (327)	*258	1	18 Nov. 871 (322)
191	3	17 Nov. 806 (321)	225	4	12 Nov. 839 (316)	259	6	7 Nov. 872* (312)
192	0	6 Nov. 807 (310)	*226	1	31 Oct. 840* (305)	260	3	27 Oct. 873 (300)
*193	4	25 Oct. 808* (299)	227	6	21 Oct. 841 (294)	*261	0	16 Oct. 874 (289)
194	2	15 Oct. 809 (288)	*228	3	10 Oct. 842 (283)	262	5	6 Oct. 875 (279)
195	6	4 Oct. 810 (277)	229	1	30 Sep. 843 (273)	263	2	24 Sep. 876* (268)
*196	3	23 Sep. 811 (266)	230	5	18 Sep. 844* (262)	*264	6	13 Sep. 877 (256)
197	1	12 Sep. 812* (256)	*231	2	7 Sep. 845 (250)	265	4	3 Sep. 878 (246)
*198	5	1 Sep. 813 (244)	232	0	28 Aug. 846 (240)	*266	1	23 Aug. 979 (235)
199	3	22 Aug. 814 (234)	233	4	17 Aug. 847 (229)	267	6	12 Aug. 880* (225)
200	0	11 Aug. 815 (223)	*234	1	5 Aug. 848* (218)	268	3	1 Aug. 881 (213)
*201	4	30 July 816* (212)	235	6	26 July 849 (207)	*269	0	21 July 882 (202)
202	2	20 July 817 (201)	*236	3	15 July 850 (196)	270	5	11 July 883 (192)
203	6	9 July 818 (190)	237	1	5 July 851 (186)	271	2	29 June 884* (181)
*204	3	28 June 819 (179)	238	5	23 June 852* (175)	*272	6	18 June 885 (169)
205	1	17 June 820* (169)	*239	2	12 June 853 (163)	273	4	8 June 886 (159)

Hijra year.	Commencement.		Hijra year.	Commencement.		Hijra year.	Commencement.	
	Ferial Number.	Date in the English Calendar.		Ferial Number.	Date in the English Calendar.		Ferial Number.	Date in the English Calendar.
1	2	3	1	2	3	1	2	3
274	1	28 May 887 (148)	308	3	23 May 920* (144)	342	4	18 May 953 (138)
*275	5	16 May 888* (137)	309	0	12 May 921 (132)	*343	1	7 May 954 (127)
276	3	6 May 889 (126)	*310	4	1 May 922 (121)	344	6	27 Apr. 955 (117)
*277	0	25 Apr. 890 (115)	311	2	21 Apr. 923 (111)	345	3	15 Apr. 956* (106)
278	5	15 Apr. 891 (105)	312	6	9 Apr. 924* (100)	*346	0	4 Apr. 957 (94)
279	2	3 Apr. 892* (94)	*313	3	29 Mar. 925 (88)	347	5	25 Mar. 958 (84)
*280	6	23 Mar. 893 (82)	314	1	19 Mar. 926 (78)	*348	2	14 Mar. 959 (73)
281	4	13 Mar. 894 (72)	315	5	8 Mar. 927 (67)	349	0	3 Mar. 960* (63)
282	1	2 Mar. 895 (61)	*316	2	25 Feb. 928* (56)	350	4	20 Feb. 961 (51)
*283	5	19 Feb. 896* (50)	317	0	14 Feb. 929 (45)	*351	1	9 Feb. 962 (40)
284	3	8 Feb. 897 (39)	*318	4	3 Feb. 930 (34)	352	6	30 Jan. 963 (30)
285	0	28 Jan. 898 (28)	319	2	24 Jan. 931 (24)	353	3	19 Jan. 964* (19)
*286	4	17 Jan. 899 (17)	320	6	13 Jan. 932* (13)	*354	0	7 Jan. 965 (7)
287	2	7 Jan. 900* (7)	*321	3	1 Jan. 933 (1)	355	5	28 Dec. 965 (362)
*288	6	26 Dec. 900* (361)	322	1	22 Dec. 933 (356)	*356	2	17 Dec. 966 (351)
289	4	16 Dec. 901 (350)	323	5	11 Dec. 934 (345)	357	0	7 Dec. 967 (341)
290	1	5 Dec. 902 (339)	*324	2	30 Nov. 935 (334)	358	4	25 Nov. 968* (330)
*291	5	24 Nov. 903 (328)	325	0	19 Nov. 936* (324)	*359	1	14 Nov. 969 (318)
292	3	13 Nov. 904* (318)	*326	4	8 Nov. 937 (312)	360	6	4 Nov. 970 (308)
293	0	2 Nov. 905 (306)	327	2	29 Oct. 938 (302)	361	3	24 Oct. 971 (297)
*294	4	22 Oct. 906 (295)	328	6	18 Oct. 939 (291)	*362	0	12 Oct. 972* (286)
295	2	12 Oct. 907 (285)	*329	3	6 Oct 940* (280)	363	5	2 Oct. 973 (275)
*296	6	30 Sep. 908* (274)	330	1	26 Sep. 941 (269)	364	2	21 Sept. 974 (264)
297	4	20 Sep. 909 (263)	531	5	15 Sep. 942 (258)	*365	6	10 Sept. 975 (253)
298	1	9 Sep. 910 (252)	*332	2	4 Sep. 943 (247)	366	4	30 Aug. 976* (243)
*299	5	29 Aug. 911 (241)	333	0	24 Aug. 944* (237)	*367	1	19 Aug. 977 (231)
300	3	18 Aug. 912* (231)	334	4	13 Aug. 945 (225)	368	6	9 Aug. 978 (221)
301	0	7 Aug. 913 (219)	*335	1	2 Aug. 946 (214)	369	3	29 July 979 (210)
*302	4	27 July 914 (208)	336	6	23 July 947 (204)	*370	0	17 July 980* (199)
303	2	17 July 915 (198)	*337	3	11 July 948* (193)	371	5	7 July 981 (188)
304	6	5 July 916* (187)	338	1	1 July 949 (182)	372	2	26 June 982 (177)
*305	3	24 June 917 (175)	339	5	20 June 250 (171)	*373	6	15 June 983 (166)
306	1	14 June 918 (165)	*340	2	9 June 951 (160)	374	4	4 June 984* (156)
*307	5	3 June 919 (154)	341	0	29 May 952* (150)	375	1	24 May 985 (144)

Hijra year.	Commencement. Ferial Number.	Commencement. Date in the English Calendar.	Hijra year.	Commencement. Ferial Number.	Commencement. Date in the English Calendar.	Hijra year.	Commencement. Ferial Number.	Commencement. Date in the English Calendar.
1	2	3	1	2	3	1	2	3
*376	5	13 May 986 (133)	410	0	9 May 1019 (129)	*444	1	3 May 1052* (124)
377	3	3 May 987 (123)	*411	4	27 Apr. 1020* (118)	445	6	23 Apr. 1053 (113)
*378	0	21 Apr. 988* (112)	412	2	17 Apr. 1021 (107)	*446	3	12 Apr. 1054 (102)
379	5	11 Apr. 989 (101)	413	6	6 Apr. 1022 (96)	447	1	2 Apr. 1055 (92)
380	2	31 Mar. 990 (90)	*414	3	26 Mar. 1023 (85)	448	5	21 Mar. 1056* (81)
*381	6	20 Mar. 991 (79)	415	1	15 Mar. 1024* (75)	*449	2	10 Mar. 1057 (69)
382	4	9 Mar. 992* (69)	*416	5	4 Mar. 1025 (63)	450	0	28 Feb. 1058 (59)
383	1	26 Feb. 993 (57)	417	3	22 Feb. 1026 (53)	451	4	17 Feb. 1059 (48)
*384	5	15 Feb. 994 (46)	418	0	11 Feb. 1027 (42)	*452	1	6 Feb. 1060* (37)
385	3	5 Feb. 995 (36)	*419	4	31 Jan. 1028* (31)	453	6	26 Jan. 1061 (26)
*386	0	25 Jan. 996* (25)	420	2	20 Jan. 1029 (20)	454	3	15 Jan. 1062 (15)
387	5	14 Jan. 997 (14)	421	6	9 Jan. 1030 (9)	*455	0	4 Jan. 1063 (4)
388	2	3 Jan. 998 (3)	*422	3	29 Dec. 1030 (363)	456	5	25 Dec. 1063 (359)
*389	6	23 Dec. 998 (357)	423	1	19 Dec. 1031 (353)	*457	2	13 Dec. 1064* (348)
390	4	13 Dec. 999 (347)	424	5	7 Dec. 1032* (342)	458	0	3 Dec. 1065 (337)
391	1	1 Dec. 1000* (336)	*425	2	26 Nov. 1033 (330)	459	4	22 Nov 1066 (326)
*392	5	20 Nov. 1001 (324)	426	0	16 Nov. 1034 (320)	*460	1	11 Nov. 1067 (315)
393	3	10 Nov. 1002 (314)	*427	4	5 Nov. 1035 (309)	461	6	31 Oct. 1068* (305)
394	0	30 Oct. 1003 (303)	428	2	25 Oct. 1036* (299)	462	3	20 Oct. 1069 (293)
*395	4	18 Oct. 1004* (292)	429	6	14 Oct. 1037 (287)	*463	0	9 Oct. 1070 (282)
396	2	8 Oct. 1005 (281)	*430	3	8 Oct. 1038 (276)	464	5	29 Sep. 1071 (272)
*397	6	27 Sep. 1006 (270)	431	1	23 Sep. 1039 (266)	465	2	17 Sep. 1072* (261)
398	4	17 Sep. 1007 (260)	432	5	11 Sep. 1040* (255)	*466	6	6 Sep. 1073 (249)
399	1	5 Sep. 1008* (249)	*433	2	31 Aug. 1041 (243)	467	4	27 Aug. 1074 (239)
*400	5	25 Aug. 1009 (237)	434	0	21 Aug. 1042 (233)	*468	1	16 Aug. 1075 (228)
401	3	15 Aug. 1010 (227)	435	4	10 Aug. 1043 (222)	469	6	5 Aug. 1076* (218)
402	0	4 Aug. 1011 (216)	*436	1	29 July 1044* (211)	470	3	25 July 1077 (206)
*403	4	23 July 1012* (205)	437	6	19 July 1045 (200)	*471	0	14 July 1078 (195)
404	2	13 July 1013 (194)	*438	3	8 July 1046 (189)	472	5	4 July 1079 (185)
405	6	2 July 1014 (183)	439	1	28 June 1047 (179)	473	2	22 June 1080* (174)
*406	3	21 June 1015 (172)	440	5	16 June 1048* (168)	*474	6	11 June 1081 (162)
407	1	10 June 1016* (162)	*441	2	5 June 1049 (156)	475	4	1 June 1082 (152)
*408	5	30 May 1017 (150)	442	0	26 May 1050 (146)	*476	1	21 May 1083 (141)
409	3	20 May 1018 (140)	443	4	15 May 1051 (135)	477	6	10 May 1084* (131)

Hijra year.	Commencement.		Hijra year.	Commencement.		Hijra year.	Commencement.	
	Ferial Number.	Date in the English Calendar.		Ferial Number.	Date in the English Calendar.		Ferial Number.	Date in the English Calendar.
1	2	3	1	2	3	1	2	3
478	3	29 Apr. 1085 (119)	* 512	4	24 Apr. 1118 (114)	546	6	20 Apl. 1151 (110)
* 479	0	18 Apr. 1086 (108)	513	2	14 Apr. 1119 (104)	*547	3	8 Apl. 1152* (99)
480	5	8 Apr. 1087 (98)	514	6	2 Apr. 1120* (93)	548	1	29 Mar. 1153 (88)
481	2	27 Mar. 1088* (87)	* 515	3	22 Mar. 1121 (81)	549	5	18 Mar. 1154 (77)
* 482	6	16 Mar. 1089 (75)	516	1	12 Mar. 1122 (71)	*550	2	7 Mar. 1155 (66)
483	4	6 Mar. 1090 (65)	* 517	5	1 Mar. 1123 (60)	551	0	25 Feb. 1156* (56)
484	1	23 Feb. 1091 (54)	518	3	19 Feb. 1124* (50)	552	4	13 Feb. 1157 (44)
* 485	5	12 Feb. 1092* (43)	519	0	7 Feb. 1125 (38)	*553	1	2 Feb. 1158 (33)
486	3	1 Feb. 1093 (32)	* 520	4	27 Jan. 1126 (27)	554	6	23 Jan. 1159 (23)
* 487	0	21 Jan. 1094 (21)	521	2	17 Jan. 1127 (17)	555	3	12 Jan 1160* (12)
488	5	11 Jan. 1095 (11)	522	6	6 Jan. 1128* (6)	*556	0	31 Dec. 1160* (366)
489	2	31 Dec. 1095 (365)	* 523	3	25 Dec. 1128* (360)	557	5	21 Dec. 1161 (355)
* 490	6	19 Dec. 1096* (354)	524	1	15 Dec. 1129 (349)	*558	2	10 Dec. 1162 (344)
491	4	9 Dec. 1097 (343)	525	5	4 Dec. 1130 (338)	559	0	30 Nov. 1163 (334)
492	1	28 Nov. 1098 (332)	* 526	2	23 Nov. 1131 (327)	560	4	18 Nov. 1164* (323)
* 493	5	17 Nov. 1099 (321)	527	0	12 Nov. 1132* (317)	*561	1	7 Nov. 1165 (311)
494	3	6 Nov. 1100* (311)	* 528	4	1 Nov. 1133 (305)	562	6	28 Oct. 1166 (301)
495	0	26 Oct. 1101 (299)	529	2	22 Oct. 1134 (295)	563	3	17 Oct. 1167 (290)
* 496	4	15 Oct. 1102 (288)	530	6	11 Oct. 1135 (284)	*564	0	5 Oct. 1168* (279)
497	2	5 Oct. 1103 (278)	* 531	3	29 Sep. 1136* (273)	565	5	25 Sep. 1169 (268)
* 498	6	23 Sep. 1104* (267)	532	1	19 Sep. 1137 (262)	*566	2	14 Sep. 1170 (257)
499	4	13 Sep. 1105 (256)	533	5	8 Sep. 1138 (251)	567	0	4 Sep. 1171 (247)
500	1	2 Sep. 1106 (245)	* 534	2	28 Aug. 1139 (240)	568	4	23 Aug. 1172* (236)
* 501	5	22 Aug. 1107 (234)	535	0	17 Aug. 1140* (230)	*569	1	12 Aug. 1173 (224)
502	3	11 Aug. 1108* (224)	* 536	4	6 Aug. 1141 (218)	570	6	2 Aug. 1174 (214)
503	0	31 July 1109 (212)	537	2	27 July 1142 (208)	571	3	22 July 1175 (203)
* 504	4	20 July 1110 (201)	538	6	16 July 1143 (197)	*572	0	10 July 1176* (192)
505	2	10 July 1111 (191)	* 539	3	4 July 1144* (186)	573	5	30 June 1177 (181)
* 506	6	28 June 1112* (180)	540	1	24 June 1145 (175)	574	2	19 June 1178 (170)
507	4	18 June 1113 (169)	541	5	13 June 1146 (164)	*575	6	8 June 1179 (159)
508	1	7 June 1114 (158)	*542	2	2 June 1147 (153)	576	4	28 May 1180* (149)
* 509	5	27 May 1115 (147)	543	0	22 May 1148* (143)	*577	1	17 May 1181 (137)
510	3	16 May 1116* (137)	544	4	11 May 1149 (131)	578	6	7 May 1182 (127)
511	0	5 May 1117 (125)	*545	1	30 Apl. 1150 (120)	579	3	26 Apr. 1183 (116)

Hijra year.	Commencement.		Hijra year.	Commencement.		Hijra year.	Commencement.	
	Ferial Number.	Date in the English Calendar.		Ferial Number.	Date in the English Calendar.		Ferial Number.	Date in the English Calendar.
1	2	3	1	2	3	1	2	3
* 580	0	14 Apr. 1184* (105)	614	2	10 Apr. 1217 (100)	* 648	3	5 Apr. 1250 (95)
581	5	4 Apr. 1185 (94)	615	6	30 Mar. 1218 (89)	649	1	26 Mar. 1251 (85)
582	2	24 Mar. 1186 (83)	* 616	3	19 Mar. 1219 (78)	650	5	14 Mar. 1252* (74)
* 583	6	13 Mar. 1187 (72)	617	1	8 Mar. 1220* (68)	* 651	2	3 Mar. 1253 (62)
584	4	2 Mar. 1188* (62)	* 618	5	25 Feb. 1221 (56)	652	0	21 Feb. 1254 (52)
585	1	19 Feb. 1189 (50)	619	3	15 Feb. 1222 (46)	653	4	10 Feb. 1255 (41)
* 586	5	8 Feb. 1190 (39)	620	0	4 Feb. 1223 (35)	* 654	1	30 Jan. 1256* (30)
587	3	29 Jan. 1191 (29)	* 621	4	24 Jan. 1224* (24)	655	6	19 Jan. 1257 (19)
* 588	0	18 Jan. 1192* (18)	622	2	13 Jan. 1225 (13)	* 656	3	8 Jan. 1258 (8)
589	5	7 Jan. 1193 (7)	623	6	2 Jan. 1226 (2)	657	1	29 Dec. 1258 (363)
590	2	27 Dec. 1193 (361)	* 624	3	22 Dec. 1226 (356)	658	5	18 Dec. 1259 (352)
* 591	6	16 Dec. 1194 (350)	625	1	12 Dec. 1227 (346)	* 659	2	6 Dec. 1260* (341)
592	4	6 Dec. 1195 (340)	* 626	5	30 Nov. 1228* (335)	660	0	26 Nov. 1261 (330)
593	1	24 Nov. 1196* (329)	627	3	20 Nov. 1229 (324)	661	4	15 Nov. 1262 (319)
* 594	5	13 Nov. 1197 (317)	628	0	9 Nov. 1230 (313)	* 662	1	4 Nov. 1263 (308)
595	3	3 Nov. 1198 (307)	* 629	4	29 Oct. 1231 (302)	663	6	24 Oct. 1264* (298)
* 596	0	23 Oct. 1199 (296)	630	2	18 Oct. 1232* (292)	664	3	13 Oct. 1265 (286)
597	5	12 Oct. 1200* (286)	631	6	7 Oct. 1233 (280)	* 665	0	2 Oct. 1266 (275)
598	2	1 Oct. 1201 (274)	* 632	3	26 Sep. 1234 (269)	666	5	22 Sep. 1267 (265)
* 599	6	20 Sep. 1202 (263)	633	1	16 Sep. 1235 (259)	* 667	2	10 Sep. 1268* (254)
600	4	10 Sep. 1203 (253)	634	5	4 Sep. 1236* (248)	668	0	31 Aug. 1269 (243)
601	1	29 Aug. 1204* (242)	* 635	2	24 Aug. 1237 (236)	669	4	20 Aug. 1270 (232)
* 602	5	18 Aug. 1205 (230)	636	0	14 Aug. 1238 (226)	* 670	1	9 Aug. 1271 (221)
603	3	8 Aug. 1206 (220)	* 637	4	3 Aug. 1239 (215)	671	6	29 July 1272* (211)
604	0	28 July 1207 (209)	638	2	23 July 1240* (205)	672	3	18 July 1273 (199)
* 605	4	16 July 1208* (198)	639	6	12 July 1241 (193)	* 673	0	7 July 1274 (188)
606	2	6 July 1209 (187)	* 640	3	1 July 1242 (182)	674	5	27 June 1275 (178)
* 607	6	25 June 1210 (176)	641	1	21 June 1243 (172)	675	2	15 June 1276* (167)
608	4	15 June 1211 (166)	642	5	9 June 1244* (161)	* 676	6	4 June 1277 (155)
609	1	3 June 1212* (155)	* 643	2	29 May 1245 (149)	677	4	25 May 1278 (145)
* 610	5	23 May 1213 (143)	644	0	19 May 1246 (139)	* 678	1	14 May 1279 (134)
611	3	13 May 1214 (133)	645	4	8 May 1247 (128)	679	6	3 May 1280* (124)
612	0	2 May 1215 (122)	* 646	1	26 Apr. 1248* (117)	680	3	22 Apr. 1281 (112)
* 613	4	20 Apr. 1216* (111)	647	6	16 Apr. 1249 (106)	* 681	0	11 Apr 1282 (101)

Hijra year.	Commencement.		Hijra year.	Commencement.		Hijra year.	Commencement.	
	Ferial Number.	Date in the English Calendar.		Ferial Number.	Date in the English Calendar.		Ferial Number.	Date in the English Calendar.
1	2	3	1	2	3	1	2	3
682	5	1 Apr. 1283 (91)	*716	6	26 Mar. 1316* (86)	750	1	22 Mar. 1349 (81)
683	2	20 Mar. 1284* (80)	717	4	16 Mar. 1317 (75)	751	5	11 Mar. 1350 (70)
*684	6	9 Mar. 1285 (68)	718	1	5 Mar. 1318 (64)	*752	2	28 Feb. 1351 (59)
685	4	27 Feb. 1286 (58)	*719	5	22 Feb. 1319 (53)	753	0	18 Feb. 1352* (49)
*686	1	16 Feb. 1287 (47)	720	3	12 Feb. 1320* (43)	754	4	6 Feb. 1353 (37)
687	6	6 Feb. 1288* (37)	721	0	31 Jan. 1321 (31)	*755	1	26 Jan. 1354 (26)
688	3	25 Jan. 1289 (25)	*722	4	20 Jan. 1322 (20)	756	6	16 Jan. 1355 (16)
*689	0	14 Jan. 1290 (14)	723	2	10 Jan. 1323 (10)	*757	3	5 Jan. 1356* (5)
690	5	4 Jan. 1291 (4)	724	6	30 Dec. 1323 (364)	758	1	25 Dec. 1356* (360)
691	2	24 Dec. 1291 (358)	*725	3	18 Dec. 1324* (353)	759	5	14 Dec. 1357 (348)
*692	6	12 Dec. 1292* (347)	726	1	8 Dec. 1325 (342)	*760	2	3 Dec. 1358 (337)
693	4	2 Dec. 1293 (336)	*727	5	27 Nov. 1326 (331)	761	0	23 Nov. 1359 (327)
694	1	21 Nov. 1294 (325)	728	3	17 Nov. 1327 (321)	762	4	11 Nov. 1360* (316)
*695	5	10 Nov. 1295 (314)	729	0	5 Nov. 1328* (310)	*763	1	31 Oct. 1361 (304)
696	3	30 Oct. 1296* (304)	*730	4	25 Oct. 1329 (298)	764	6	21 Oct. 1362 (294)
*697	0	19 Oct. 1297 (292)	731	2	15 Oct. 1330 (288)	765	3	10 Oct. 1363 (283)
698	5	9 Oct. 1298 (282)	732	6	4 Oct. 1331 (277)	*766	0	28 Sep. 1364* (272)
699	2	28 Sep. 1299 (271)	*733	3	22 Sep. 1332* (266)	767	5	18 Sep. 1365 (261)
*700	6	16 Sep. 1300* (260)	734	1	12 Sep. 1333 (255)	*768	2	7 Sep. 1366 (250)
701	4	6 Sep. 1301 (249)	735	5	1 Sep. 1334 (244)	769	0	28 Aug. 1367 (240)
702	1	26 Aug. 1302 (238)	*736	2	21 Aug. 1335 (233)	770	4	16 Aug. 1368* (229)
*703	5	15 Aug. 1303 (227)	737	0	10 Aug. 1336* (223)	*771	1	5 Aug. 1369 (217)
704	3	4 Aug. 1304* (217)	*738	4	30 July 1337 (211)	772	6	26 July 1370 (207)
705	0	24 July 1305 (205)	739	2	20 July 1338 (201)	773	3	15 July 1371 (196)
*706	4	13 July 1306 (194)	740	6	9 July 1339 (190)	*774	0	3 July 1372* (185)
707	2	3 July 1307 (184)	*741	3	27 June 1340* (179)	775	5	23 June 1373 (174)
*708	6	21 June 1308* (173)	742	1	17 June 1341 (168)	*776	2	12 June 1374 (163)
709	4	11 June 1309 (162)	743	5	6 June 1342 (157)	777	0	2 June 1375 (153)
710	1	31 May 1310 (151)	*744	2	26 May 1343 (146)	778	4	21 May 1376* (142)
*711	5	20 May 1311 (140)	745	0	15 May 1344* (136)	*779	1	10 May 1377 (130)
712	3	9 May. 1312* (130)	*746	4	4 May 1345 (124)	780	6	30 Apr. 1378 (120)
713	0	28 Apr. 1313 (118)	747	2	24 Apr. 1346 (114)	781	3	19 Apr. 1379 (109)
*714	4	17 Apr. 1314 (107)	748	6	13 Apr. 1347 (103)	*782	0	7 Apr. 1380* (98)
715	2	7 Apr. 1315 (97)	*749	3	1 Apr. 1348* (92)	783	5	28 Mar. 1381 (87)

Hijra year.	Commencement.		Hijra year.	Commencement.		Hijra year.	Commencement.	
	Ferial Number.	Date in the English Calendar.		Ferial Number.	Date in the English Calendar.		Ferial Number.	Date in the English Calendar.
1	2	3	1	2	3	1	2	3
784	2	17 Mar. 1382 (76)	818	4	13 Mar. 1415 (72)	852	5	7 Mar. 1448* (67)
* 785	6	6 Mar. 1383 (65)	819	1	1 Mar. 1416* (61)	* 853	2	24 Feb. 1449 (55)
786	4	24 Feb. 1384* (55)	* 820	5	18 Feb. 1417 (49)	854	0	14 Feb. 1450 (45)
* 787	1	12 Feb. 1385 (43)	821	3	8 Feb. 1418 (39)	855	4	3 Feb. 1451 (34)
788	6	2 Feb. 1386 (33)	822	0	28 Jan. 1419 (28)	* 856	1	23 Jan. 1452* (23)
789	3	22 Jan. 1387 (22)	* 823	4	17 Jan. 1420* (17)	857	6	12 Jan. 1453 (12)
* 790	0	11 Jan. 1388* (11)	824	2	6 Jan. 1421 (6)	* 858	3	1 Jan. 1454 (1)
791	5	31 Dec. 1388* (366)	825	6	26 Dec. 1421 (360)	859	1	22 Dec. 1454 (356)
792	2	20 Dec. 1389 (354)	* 826	3	15 Dec. 1422 (349)	860	5	11 Dec. 1455 (345)
* 793	6	9 Dec. 1390 (343)	827	1	5 Dec. 1423 (339)	* 861	2	29 Nov. 1456* (334)
794	4	29 Nov. 1391 (333)	* 828	5	23 Nov. 1424* (328)	862	0	19 Nov. 1457 (323)
795	1	17 Nov. 1392* (322)	829	3	13 Nov. 1425 (317)	863	4	8 Nov. 1458 (312)
* 796	5	6 Nov. 1393 (310)	830	0	2 Nov. 1426 (306)	* 864	1	28 Oct. 1459 (301)
797	3	27 Oct. 1394 (300)	* 831	4	22 Oct. 1427 (295)	865	6	17 Oct. 1460* (291)
* 798	0	16 Oct. 1395 (289)	832	2	11 Oct. 1428* (285)	* 866	3	6 Oct. 1461 (279)
799	5	5 Oct. 1396* (279)	833	6	30 Sep. 1429 (273)	867	1	26 Sep. 1462 (269)
800	2	24 Sep. 1397 (267)	* 834	3	19 Sep. 1430 (262)	868	5	15 Sep. 1463 (258)
* 801	6	13 Sep. 1398 (256)	835	1	9 Sep. 1431 (252)	* 869	2	3 Sep. 1464* (247)
802	4	3 Sep. 1399 (246)	* 836	5	28 Aug. 1432* (241)	870	0	24 Aug. 1465 (236)
803	1	22 Aug. 1400* (235)	837	3	18 Aug. 1433 (230)	871	4	13 Aug. 1466 (225)
* 804	5	11 Aug. 1401 (223)	838	0	7 Aug. 1434 (219)	* 872	1	2 Aug. 1467 (214)
805	3	1 Aug. 1402 (213)	* 839	4	27 July 1435 (208)	873	6	22 July 1468* (204)
* 806	0	21 July 1403 (202)	840	2	16 July 1436* (198)	874	3	11 July 1469 (192)
807	5	10 July 1404* (192)	841	6	5 July 1437 (186)	* 875	0	30 June 1470 (181)
808	2	29 June 1405 (180)	* 842	3	24 June 1438 (175)	876	5	20 June 1471 (171)
* 809	6	18 June 1406 (169)	843	1	14 June 1439 (165)	* 877	2	8 June 1472* (160)
810	4	8 June 1407 (159)	844	5	2 June 1440* (154)	878	0	29 May 1473 (149)
811	1	27 May 1408* (148)	* 845	2	22 May 1441 (142)	879	4	18 May 1474 (138)
* 812	5	16 May 1409 (136)	846	0	12 May 1442 (132)	* 880	1	7 May 1475 (127)
813	3	6 May 1410 (126)	* 847	4	1 May 1443 (121)	881	6	26 Apr. 1476* (117)
814	0	25 Apr. 1411 (115)	848	2	20 Apr. 1444* (111)	882	3	15 Apr. 1477 (105)
* 815	4	13 Apr. 1412* (104)	849	6	9 Apr. 1445 (99)	* 883	0	4 Apr. 1478 (94)
816	2	3 Apr. 1413 (93)	* 850	3	29 Mar. 1446 (88)	884	5	25 Mar. 1479 (84)
* 817	6	23 Mar. 1414 (82)	851	1	19 Mar. 1447 (78)	885	2	13 Mar. 1480* (73)

Hijra year.	Commencement.		Hijra year.	Commencement.		Hijra year.	Commencement.	
	Ferial Number.	Date in the English Calendar.		Ferial Number.	Date in the English Calendar.		Ferial Number.	Date in the English Calendar.
1	2	3	1	2	3	1	2	3
*886	6	2 Mar. 1481 (61)	920	1	26 Feb. 1514 (57)	*954	2	21 Feb. 1547 (52)
887	4	20 Feb. 1482 (51)	*921	5	15 Feb. 1515 (46)	955	0	11 Feb. 1548* (42)
*888	1	9 Feb. 1483 (40)	922	3	5 Feb. 1516* (36)	*956	4	30 Jan. 1549 (30)
889	6	30 Jan. 1484* (30)	923	0	24 Jan. 1517 (24)	957	2	20 Jan. 1550 (20)
890	3	18 Jan. 1485 (18)	*924	4	13 Jan. 1518 (13)	958	6	9 Jan. 1551 (9)
*891	0	7 Jan. 1486 (7)	925	2	3 Jan. 1519 (3)	*959	3	29 Dec. 1551 (363)
892	5	28 Dec. 1486 (362)	*926	6	23 Dec. 1519 (357)	960	1	18 Dec. 1552* (353)
893	2	17 Dec. 1487 (351)	927	4	12 Dec. 1520* (347)	961	5	7 Dec. 1553 (341)
*894	6	5 Dec. 1488* (340)	928	1	1 Dec. 1521 (335)	*962	2	26 Nov. 1554 (330)
895	4	25 Nov. 1489 (329)	*929	5	20 Nov. 1522 (324)	963	0	16 Nov. 1555 (320)
*896	1	14 Nov. 1490 (318)	930	3	10 Nov. 1523 (314)	964	4	4 Nov. 1556* (309)
897	6	4 Nov. 1491 (308)	931	0	29 Oct. 1524* (303)	*965	1	24 Oct. 1557 (297)
898	3	23 Oct. 1492* (297)	*932	4	18 Oct. 1525 (291)	966	6	14 Oct. 1558 (287)
*899	0	12 Oct. 1493 (285)	933	2	8 Oct. 1526 (281)	*967	3	3 Oct. 1559 (276)
900	5	2 Oct. 1494 (275)	934	6	27 Sep. 1527 (270)	968	1	22 Sep. 1560* (266)
901	2	21 Sep. 1495 (264)	*935	3	15 Sep. 1528* (259)	969	5	11 Sep. 1561 (254)
*902	6	9 Sep. 1496* (253)	936	1	5 Sep. 1529 (248)	*970	2	31 Aug. 1562 (243)
903	4	30 Aug. 1497 (242)	*937	5	25 Aug. 1530 (237)	971	0	21 Aug. 1563 (233)
904	1	19 Aug. 1498 (231)	938	3	15 Aug. 1531 (227)	972	4	9 Aug. 1564* (222)
*905	5	8 Aug. 1499 (220)	939	0	3 Aug. 1532* (216)	*973	1	29 July 1565 (210)
906	3	28 July 1500* (210)	*940	4	23 July 1533 (204)	974	6	19 July 1566 (200)
*907	0	17 July 1501 (198)	941	2	13 July 1534 (194)	975	3	8 July 1567 (189)
908	5	7 July 1502 (188)	942	6	2 July 1535 (183)	*976	0	26 June 1568* (178)
909	2	26 June 1503 (177)	*943	3	20 June 1536* (172)	977	5	16 June 1569 (167)
*910	6	14 June 1504* (166)	944	1	10 June 1537 (161)	*978	2	5 June 1570 (156)
911	4	4 June 1505 (155)	945	5	30 May 1538 (150)	979	0	26 May 1571 (146)
912	1	24 May 1506 (144)	*946	2	19 May 1539 (139)	980	4	14 May 1572* (135)
*913	5	13 May 1507 (133)	947	0	8 May 1540* (129)	*981	1	3 May 1573 (123)
914	3	2 May 1508* (123)	*948	4	27 Apr. 1541 (117)	982	6	23 Apr. 1574 (113)
915	0	21 Apr. 1509 (111)	949	2	17 Apr. 1542 (107)	983	3	12 Apr. 1575 (102)
*916	4	10 Apr. 1510 (100)	950	6	6 Apr. 1543 (96)	*984	0	31 Mar. 1576* (91)
917	2	31 Mar. 1511 (90)	*951	3	25 Mar. 1544* (85)	985	5	21 Mar. 1577 (80)
*918	6	19 Mar. 1512* (79)	952	1	15 Mar. 1545 (74)	*986	2	10 Mar. 1578 (69)
919	4	9 Mar. 1513 (68)	953	5	4 Mar. 1546 (63)	987	0	28 Feb. 1579 (59)

Hijra year.	Commencement.		Hijra year.	Commencement.		Hijra year.	Commencement.	
	Ferial Number.	Date in the English Calendar.		Ferial Number.	Date in the English Calendar.		Ferial Number.	Date in the English Calendar.
1	2	3	1	2	3	1	2	3
988	4	17 Feb. 1580* (48)	*1022	5	11 Feb. 1613 (42)	1056	0	7 Feb. 1646 (38)
*989	1	5 Feb. 1581 (36)	1023	3	1 Feb. 1614 (32)	*1057	4	27 Jan. 1647 (27)
990	6	26 Jan. 1582[1] (26)	1024	0	21 Jan. 1615 (21)	1058	2	17 Jan. 1648* (17)
991	3	15 Jan. 1583 (15)	*1025	4	10 Jan. 1616* (10)	1059	6	5 Jan. 1649 (5)
*992	0	4 Jan. 1584* (4)	1026	2	30 Dec. 1616* (365)	*1060	3	25 Dec. 1649 (359)
993	5	24 Dec. 1584* (359)	*1027	6	19 Dec. 1617 (353)	1061	1	15 Dec. 1650 (349)
994	2	13 Dec. 1585 (347)	1028	4	9 Dec. 1618 (343)	1062	5	4 Dec. 1651 (338)
*995	6	2 Dec. 1586 (336)	1029	1	28 Nov. 1619 (332)	*1063	2	22 Nov. 1652* (327)
996	4	22 Nov. 1587 (326)	*1030	5	16 Nov. 1620* (321)	1064	0	12 Nov. 1653 (316)
*997	1	10 Nov. 1588* (315)	1031	3	6 Nov. 1621 (310)	1065	4	1 Nov. 1654 (305)
998	6	31 Oct. 1589 (304)	1032	0	26 Oct. 1622 (299)	*1066	1	21 Oct. 1655 (294)
999	3	20 Oct. 1590 (293)	*1033	4	15 Oct. 1623 (288)	1067	6	10 Oct. 1656* (284)
*1000	0	9 Oct. 1591 (282)	1034	2	4 Oct. 1624* (278)	*1068	3	29 Sep. 1657 (272)
1001	5	28 Sep. 1592* (272)	1035	6	23 Sep. 1625 (266)	1069	1	19 Sep. 1658 (262)
1002	2	17 Sep. 1593 (260)	*1036	3	12 Sep. 1626 (255)	1070	5	8 Sep. 1659 (251)
*1003	6	6 Sep. 1594 (249)	1037	1	2 Sep. 1627 (245)	*1071	2	27 Aug. 1660* (240)
1004	4	27 Aug. 1595 (239)	*1038	5	21 Aug. 1628* (234)	1072	0	17 Aug. 1661 (229)
1005	1	15 Aug. 1596* (228)	1039	3	11 Aug. 1629 (223)	1073	4	6 Aug. 1662 (218)
*1006	5	4 Aug. 1597 (216)	1040	0	31 July 1630 (212)	*1074	1	26 July 1663 (207)
1007	3	25 July 1598 (206)	*1041	4	20 July 1631 (201)	1075	6	15 July 1664* (197)
*1008	0	14 July 1599 (195)	1042	2	9 July 1632* (191)	*1076	3	4 July 1665 (185)
1009	5	3 July 1600* (185)	1043	6	28 June 1633 (179)	1077	1	24 June 1666 (175)
1010	2	22 June 1601 (173)	*1044	3	17 June 1634 (168)	1078	5	13 June 1667 (164)
*1011	6	11 June 1602 (162)	1045	1	7 June 1635 (158)	*1079	2	1 June 1668* (153)
1012	4	1 June 1603 (152)	*1046	5	26 May 1636* (147)	1080	0	22 May 1669 (142)
1013	1	20 May 1604* (141)	1047	3	16 May 1637 (136)	1081	4	11 May 1670 (131)
*1014	5	9 May 1605 (129)	1048	0	5 May 1638 (125)	*1082	1	30 Apr. 1671 (120)
1015	3	29 Apr. 1606 (119)	*1049	4	24 Apr. 1639 (114)	1083	6	19 Apr. 1672* (110)
*1016	0	18 Apr. 1607 (108)	1050	2	13 Apr. 1640* (104)	1084	3	8 Apr. 1673 (98)
1017	5	7 Apr. 1608* (98)	1051	6	2 Apr. 1641 (92)	*1085	0	28 Mar. 1674 (87)
1018	2	27 Mar. 1609 (86)	*1052	3	22 Mar. 1642 (81)	1086	5	18 Mar. 1675 (77)
*1019	6	16 Mar. 1610 (75)	1053	1	12 Mar. 1643 (71)	*1087	2	6 Mar. 1676* (66)
1020	4	6 Mar. 1611 (65)	1054	5	29 Feb. 1644* (60)	1088	0	24 Feb. 1677 (55)
1021	1	23 Feb. 1612* (54)	*1055	2	17 Feb. 1645 (48)	1089	4	13 Feb. 1678 (44)

[1] Note that in all Roman Catholic countries in Europe the New Style was introduced from October 5th, 1582, the year 1600 remaining a leap-year, while it was ordained that 1700, 1800 and 1900 should be common and not leap-years. This was not introduced into England till 3rd September 1752. All the dates in these tables are given according to English computation, and if it is desired to assimilate the date to that of any Catholic country, 10 days must be added to the initial dates given above, from Hijra 991 to Hijra 1111 inclusive, and 11 days from Hijra 1112 to 1165 inclusive. Thus for Catholic countries, Hijra 1002 must be taken as beginning on September 27th, Hijra 1043 on July 5th, and so on. The Catholic dates will be found in Professor F. Wüstenfeld's

Hijra year.	Commencement.		Hijra year.	Commencement.		Hijra year.	Commencement.	
	Ferial Number.	Date in the English Calendar.		Ferial Number.	Date in the English Calendar.		Ferial Number.	Date in the English Calendar.
1	2	3	1	2	3	1	2	3
*1090	1	2 Feb. 1679 (33)	1124	3	20 Jan. 1712* (29)	*1158	4	23 Jan. 1745 (23)
1091	6	23 Jan. 1680* (23)	1125	0	17 Jan. 1713 (17)	1159	2	13 Jan. 1746 (13)
1092	3	11 Jan. 1681 (11)	*1126	4	6 Jan. 1714 (6)	1160	6	2 Jan. 1747 (2)
*1093	0	31 Dec. 1681 (365)	1127	2	27 Dec. 1714 (361)	*1161	3	22 Dec. 1747 (356)
1094	5	21 Dec. 1682 (355)	*1128	6	16 Dec. 1715 (350)	1162	1	11 Dec. 1748* (346)
1095	2	10 Dec. 1683 (344)	1129	4	5 Dec. 1716* (340)	1163	5	30 Nov. 1749 (334)
*1096	6	28 Nov. 1684* (333)	1130	1	24 Nov. 1717 (328)	*1164	2	19 Nov. 1750 (323)
1097	4	18 Nov. 1685 (322)	*1131	5	13 Nov. 1718 (317)	1165	0	9 Nov. 1751[1] (313)
*1098	1	7 Nov. 1686 (311)	1132	3	3 Nov. 1719 (307)	*1166	4	8 Nov. 1752* (313)
1099	6	28 Oct. 1687 (301)	1133	0	22 Oct. 1720* (296)	1167	2	29 Oct. 1753 (302)
1100	3	16 Oct. 1688* (290)	*1134	4	11 Oct. 1721 (284)	1168	6	18 Oct. 1754 (291)
*1101	0	5 Oct. 1689 (278)	1135	2	1 Oct. 1722 (274)	*1169	3	7 Oct. 1755 (280)
1102	5	25 Sep. 1690 (268)	*1136	6	20 Sep. 1723 (263)	1170	1	26 Sep. 1756* (270)
1103	2	14 Sep. 1691 (257)	1137	4	9 Sep. 1724* (253)	1171	5	15 Sep. 1757 (258)
*1104	6	2 Sep. 1692* (246)	1138	1	29 Aug. 1725 (241)	*1172	2	4 Sep. 1758 (247)
1105	4	23 Aug. 1693 (235)	*1139	5	18 Aug. 1726 (230)	1173	0	25 Aug. 1759 (237)
*1106	1	12 Aug. 1694 (224)	1140	3	8 Aug. 1727 (220)	1174	4	13 Aug. 1760* (226)
1107	6	2 Aug. 1695 (214)	1141	0	27 July 1728* (209)	*1175	1	2 Aug. 1761 (214)
1108	3	21 July 1696* (203)	*1142	4	16 July 1729 (197)	1176	6	23 July 1762 (204)
*1109	0	10 July 1697 (191)	1143	2	6 July 1730 (187)	*1177	3	12 July 1763 (193)
1110	5	30 June 1698 (181)	1144	6	25 June 1731 (176)	1178	1	1 July 1764* (183)
1111	2	19 June 1699 (170)	*1145	3	13 June 1732* (165)	1179	5	20 June 1765 (171)
*1112	6	7 June 1700* (159)	1146	1	3 June 1733 (154)	*1180	2	9 June 1766 (160)
1113	4	28 May 1701 (148)	*1147	5	23 May 1734 (143)	1181	0	30 May 1767 (150)
1114	1	17 May 1702 (137)	1148	3	13 May 1735 (133)	1182	4	18 May 1768* (139)
*1115	5	6 May 1703 (126)	1149	0	1 May 1736* (122)	*1183	1	7 May 1769 (127)
1116	3	25 Apr. 1704* (116)	*1150	4	20 Apr. 1737 (110)	1184	6	27 Apr. 1770 (117)
*1117	0	14 Apr. 1705 (104)	1151	2	10 Apr. 1738 (100)	1185	3	16 Apr. 1771 (106)
1118	5	4 Apr. 1706 (94)	1152	6	30 Mar. 1739 (89)	*1186	0	4 Apr. 1772* (95)
1119	2	24 Mar. 1707 (83)	*1153	3	18 Mar. 1740* (78)	1187	5	25 Mar. 1773 (84)
*1120	6	12 Mar. 1708* (72)	1154	1	8 Mar. 1741 (67)	*1188	2	14 Mar. 1774 (73)
1121	4	2 Mar. 1709 (61)	1155	5	25 Feb. 1742 (56)	1189	0	4 Mar. 1775 (63)
1122	1	19 Feb. 1710 (50)	*1156	2	14 Feb. 1743 (45)	1190	4	21 Feb. 1776* (52)
*1123	5	8 Feb. 1711 (39)	1157	0	4 Feb. 1744* (35)	*1191	1	9 Feb. 1777 (40)

"*Vergleichungs—Tabellen der Muhammedanischen und Christlichen Zeitrechnung*" (Leipzig, 1854). The dates given here correspond with Prinsep. The British Museum have adopted Dr. Wüstenfeld's principle, "and have not deferred a chronological change, which was adopted in 1582 by the chief nations of Europe of the time, until the necessity of the reform had at last been understood in England." (R.S.).

[1] The New Style was introduced into England from 3rd September 1752. The 9th November 1751 is therefore an Old Style date, and the 8th November 1752 is a New Style one (see above, *Note* 2, p. 11, *Note* 1, p. 88).

Hijra year.	Commencement.		Hijra year.	Commencement.		Hijra year.	Commencement.	
	Ferial Number.	Date in the English Calendar.		Ferial Number.	Date in the English Calendar.		Ferial Number.	Date in the English Calendar.
1	2	3	1	2	3	1	2	3
1192	6	30 Jan. 1778 (30)	*1226	0	26 Jan. 1811 (26)	1260	2	22 Jan. 1844* (22)
1193	3	19 Jan. 1779 (19)	1227	5	16 Jan. 1812* (16)	1261	6	10 Jan. 1845 (10)
*1194	0	8 Jan. 1780* (8)	1228	2	4 Jan. 1813 (4)	*1262	3	30 Dec. 1845 (364)
1195	5	28 Dec. 1780* (363)	*1229	6	24 Dec. 1813 (358)	1263	1	20 Dec. 1846 (354)
*1196	2	17 Dec. 1781 (351)	1230	4	14 Dec. 1814 (348)	1264	5	9 Dec. 1847 (343)
1197	0	7 Dec. 1782 (341)	1231	1	3 Dec. 1815 (337)	*1265	2	27 Nov. 1848* (332)
1198	4	26 Nov. 1783 (330)	*1232	5	21 Nov. 1816* (326)	1266	0	17 Nov. 1849 (321)
*1199	1	14 Nov. 1784* (319)	1233	3	11 Nov. 1817 (315)	*1267	4	6 Nov. 1850 (310)
1200	6	4 Nov. 1785 (308)	1234	0	31 Oct. 1818 (304)	1268	2	27 Oct. 1851 (300)
1201	3	24 Oct. 1786 (297)	*1235	4	20 Oct. 1819 (293)	1269	6	15 Oct. 1852* (289)
*1202	0	13 Oct. 1787 (286)	1236	2	9 Oct. 1820* (283)	*1270	3	4 Oct. 1853 (277)
1203	5	2 Oct. 1788* (276)	*1237	6	28 Sep. 1821 (271)	1271	1	24 Sep. 1854 (267)
1204	2	21 Sep. 1789 (264)	1238	4	18 Sep. 1822 (261)	1272	5	13 Sep. 1855 (256)
*1205	6	10 Sep. 1790 (253)	1239	1	7 Sep. 1823 (250)	*1273	2	1 Sep. 1856* (245)
1206	4	31 Aug. 1791 (243)	*1240	5	26 Aug 1824* (239)	1274	0	22 Aug. 1857 (234)
*1207	1	19 Aug. 1792* (232)	1241	3	16 Aug. 1825 (228)	1275	4	11 Aug. 1858 (223)
1208	6	9 Aug. 1793 (221)	1242	0	5 Aug. 1826 (217)	*1276	1	31 July 1859 (212)
1209	3	29 July 1794 (210)	*1243	4	25 July 1827 (206)	1277	6	20 July 1860* (202)
*1210	0	18 July 1795 (199)	1244	2	14 July 1828* (196)	*1278	3	9 July 1861 (190)
1211	5	7 July 1796* (189)	1245	6	3 July 1829 (184)	1279	1	29 June 1862 (180)
1212	2	26 June 1797 (177)	*1246	3	22 June 1830 (173)	1280	5	18 June 1863 (169)
*1213	6	15 June 1798 (166)	1247	1	12 June 1831 (163)	*1281	2	6 June 1864* (158)
1214	4	5 June 1799 (156)	*1248	5	31 May 1832* (152)	1282	0	27 May 1865 (147)
1215	1	25 May 1800 (145)	1249	3	21 May 1833 (141)	1283	4	16 May 1866 (136)
*1216	5	14 May 1801 (134)	1250	0	10 May 1834 (130)	*1284	1	5 May 1867 (125)
1217	3	4 May 1802 (124)	*1251	4	29 Apr. 1835 (119)	1285	6	24 Apr. 1868* (115)
*1218	0	23 Apr. 1803 (113)	1252	2	18 Apr. 1836* (109)	*1286	3	13 Apr. 1869 (103)
1219	5	12 Apr. 1804* (103)	1253	6	7 Apr. 1837 (97)	1287	1	3 Apr. 1870 (93)
1220	2	1 Apr. 1805 (91)	*1254	3	27 Mar. 1838 (86)	1288	5	23 Mar. 1871 (82)
*1221	6	21 Mar. 1806 (80)	1255	1	17 Mar. 1839 (76)	*1289	2	11 Mar. 1872* (71)
1222	4	11 Mar. 1807 (70)	*1256	5	5 Mar. 1840* (65)	1290	0	1 Mar. 1873 (60)
1223	1	28 Feb. 1808* (59)	1257	3	23 Feb. 1841 (54)	1291	4	18 Feb. 1874 (49)
*1224	5	16 Feb. 1809 (47)	1258	0	12 Feb. 1842 (43)	*1292	1	7 Feb. 1875 (38)
1225	3	6 Feb. 1810 (37)	*1259	4	1 Feb. 1843 (32)	1293	6	28 Jan. 1876* (28)

Hijra year.	Commencement.		Hijra year.	Commencement.		Hijra year.	Commencement.	
	Ferial Number.	Date in the English Calendar.		Ferial Number.	Date in the English Calendar.		Ferial Number.	Date in the English Calendar.
1	2	3	1	2	3	1	2	3
1294	3	16 Jan. 1877 (16)	1328	5	13 Jan. 1910 (13)	1362	6	8 Jan. 1943 (8)
*1295	0	5 Jan. 1878 (5)	1329	2	2 Jan. 1911 (2)	*1363	3	28 Dec. 1943 (362)
1296	5	26 Dec. 1878 (360)	*1330	6	22 Dec. 1911 (356)	1364	1	17 Dec. 1944* (352)
*1297	2	15 Dec. 1879 (349)	1331	4	11 Dec. 1912* (346)	1365	5	6 Dec. 1945 (340)
1298	0	4 Dec. 1880* (339)	1332	1	30 Nov. 1913 (334)	*1366	2	25 Nov. 1946 (329)
1299	4	23 Nov. 1881 (327)	*1333	5	19 Nov. 1914 (323)	1367	0	15 Nov. 1947 (319)
*1300	1	12 Nov 1882 (316)	1334	3	9 Nov. 1915 (313)	*1368	4	3 Nov. 1948* (308)
1301	6	2 Nov. 1883 (306)	1335	0	28 Oct. 1916* (302)	1369	2	24 Oct. 1949 (297)
1302	3	21 Oct. 1884* (295)	*1336	4	17 Oct. 1917 (290)	1370	6	13 Oct. 1950 (286)
*1303	0	10 Oct. 1885 (283)	1337	2	7 Oct. 1918 (280)	*1371	3	2 Oct. 1951 (275)
1304	5	30 Sep. 1886 (273)	*1338	6	26 Sep. 1919 (269)	1372	1	21 Sep. 1952* (265)
1305	2	19 Sep. 1887 (262)	1339	4	15 Sep. 1920* (259)	1373	5	10 Sep. 1953 (253)
*1306	6	7 Sep. 1888* (251)	1340	1	4 Sep. 1921 (247)	*1374	2	30 Aug. 1954 (242)
1307	4	28 Aug. 1889 (240)	*1341	5	24 Aug. 1922 (236)	1375	0	20 Aug. 1955 (232)
*1308	1	17 Aug. 1890 (229)	1342	3	14 Aug. 1923 (226)	*1376	4	8 Aug. 1956* (221)
1309	6	7 Aug. 1891 (219)	1343	0	2 Aug. 1924* (215)	1377	2	29 July 1957 (210)
1310	3	26 July 1892* (208)	*1344	4	22 July 1925 (203)	1378	6	18 July 1958 (199)
*1311	0	15 July 1893 (196)	1345	2	12 July 1926 (193)	*1379	3	7 July 1959 (188)
1312	5	5 July 1894 (186)	*1346	6	1 July 1927 (182)	1380	1	26 June 1960* (178)
1313	2	24 June 1895 (175)	1347	4	20 June 1928* (172)	1381	5	15 June 1961 (166)
*1314	6	12 June 1896* (164)	1348	1	9 June 1929 (160)	*1382	2	4 June 1962 (155)
1315	4	2 June 1897 (153)	*1349	5	29 May 1930 (149)	1383	0	25 May 1963 (145)
*1316	1	22 May 1898 (142)	1350	3	19 May 1931 (139)	1384	4	13 May 1964* (134)
1317	6	12 May 1899 (132)	1351	0	7 May 1932* (128)	*1385	1	2 May 1965 (122)
1318	3	1 May 1900 (121)	*1352	4	26 Apr. 1933 (116)	1386	6	22 Apr. 1966 (112)
*1319	0	20 Apr. 1901 (110)	1353	2	16 Apr. 1934 (106)	*1387	3	11 Apr. 1967 (101)
1320	5	10 Apr. 1902 (100)	1354	6	5 Apr. 1935 (95)	1388	1	31 Mar. 1968* (91)
1321	2	30 Mar. 1903 (89)	*1355	3	24 Mar. 1936* (84)	1389	5	20 Mar. 1969 (79)
*1322	6	18 Mar. 1904* (78)	1356	1	14 Mar. 1937 (73)	*1390	2	9 Mar. 1970 (68)
1323	4	8 Mar. 1905 (67)	*1357	5	3 Mar. 1938 (62)	1391	0	27 Feb. 1971 (58)
1324	1	25 Feb. 1906 (56)	1358	3	21 Feb. 1939 (52)	1392	4	16 Feb. 1972* (47)
*1325	5	14 Feb. 1907 (45)	1359	0	10 Feb. 1940* (41)	*1393	1	4 Feb. 1973 (35)
1326	3	4 Feb. 1908* (35)	*1360	4	29 Jan. 1941 (29)	1394	6	25 Jan. 1974 (25)
*1327	0	23 Jan. 1909 (23)	1361	2	19 Jan. 1942 (19)	1395	3	14 Jan. 1975 (14)

Hijra year.	Commencement.		Hijra year.	Commencement.		Hijra year.	Commencement.	
	Ferial Number.	Date in the English Calendar.		Ferial Number.	Date in the English Calendar.		Ferial Number.	Date in the English Calendar.
1	2	3	1	2	3	1	2	3
*1396	0	3 Jan. 1976* (3)	1411	3	24 July 1990 (205)	*1426	5	10 Feb. 2005 (41)
1397	5	23 Dec. 1976* (357)	*1412	0	13 July 1991 (194)	1427	3	31 Jan. 2006 (31)
*1398	2	12 Dec. 1977 (346)	1413	5	2 July 1992* (184)	*1428	0	20 Jan. 2007 (20)
1399	0	2 Dec. 1978 (336)	1414	2	21 June 1993 (172)	1429	5	10 Jan. 2008* (10)
1400	4	21 Nov. 1979 (325)	*1415	6	10 June 1994 (161)	1430	2	29 Dec. 2008* (364)
*1401	1	9 Nov. 1980* (314)	1416	4	31 May 1995 (151)	*1431	6	18 Dec. 2009 (352)
1402	6	30 Oct. 1981 (303)	*1417	1	19 May 1996* (140)	1432	4	8 Dec. 2010 (342)
1403	3	19 Oct. 1982 (292)	1418	6	9 May 1997 (129)	1433	1	27 Nov. 2011 (331)
*1404	0	8 Oct. 1983 (281)	1419	3	28 Apr. 1998 (118)	*1434	5	15 Nov. 2012* (320)
1405	5	27 Sep. 1984* (271)	*1420	0	17 Apr. 1999 (107)	1435	3	5 Nov. 2013 (309)
*1406	2	16 Sep. 1985 (259)	1421	5	6 Apr. 2000* (97)	*1436	0	25 Oct. 2014 (298)
1407	0	6 Sep. 1986 (249)	1422	2	26 Mar. 2001 (85)	1437	5	15 Oct. 2015 (288)
1408	4	26 Aug. 1987 (238)	*1423	6	15 Mar. 2002 (74)	1438	2	3 Oct. 2016* (277)
*1409	1	14 Aug. 1988* (227)	1424	4	5 Mar. 2003 (64)	*1439	6	22 Sep. 2017 (265)
1410	6	4 Aug. 1989 (216)	1425	1	22 Feb. 2004* (53)	1440	4	12 Sep. 2018 (255)

APPENDIX.

EXTRACTS FROM DR. BURNELL'S "SOUTH INDIAN PALÆOGRAPHY" RELATING TO CHRONOLOGY.

P. 77. EXPRESSING NUMERALS BY WORDS.

THE earliest inscriptions found in Southern India in which the date is referred to an era have it written at full length in words. After the seventh century the dates are *mostly* expressed by significant words, and after the tenth century this is *always* done.[1] These significant words appear to be a device of the Indian astrologers, as the earliest examples occur in their treatises. The first complete list is that given by Albīrūnī (A.D 1031); the following is from his list, as translated by Woepcke[2] supplemented from Brown's "Cyclic Tables" and Inscriptions. As no limits can be placed to a fanciful practice like this, I cannot give this list as complete; it is merely an attempt to make a complete list.[3]

Cipher .... Śūnya; kha; gagana; viyat; ākāśa; ambara; abhra; ananta*; vyoma*.

1 ...... Ādi; śaśin; indu; kshiti; urvarā; dharā; pitāmaha; chandra; śītāṁśu; rūpa; raśmi; pṛithivī*; bhū*; tanu*; soma†; nāyaka†; vasudhā†; śaśāṅka†; kshmā†; dharaṇī†.

2 ...... Yama; Aśvin; ravichandrau; lochana; akshi; Dasra; yamala; paksha; netra; bāhu*; karṇa*; kuṭumba*; kara†; dṛishṭi†.

3 ...... Trikāla; trijagat; tri; triguṇa; loka; trigata; pāvaka; vaiśvānara; dahana; tapana; hutāśana; jvalana; agni; vahni*; trilochana*; trinetra*; Rāma*; sahodara*; śikhin†; guṇa†.

4 ...... Veda; samudra; sāgara; abdhi; dadhi (?); diś; jalāśaya; kṛita; jala; nidhi*; yuga*; koshṭha*; bandhu*; udadhi†.

5 ...... Śara; artha; indriya; sāyaka; vāṇa; bhūta; ishu; Pāṇḍava; tata; ratna*; prāṇa*; suta; putra*; viśikha†; kalamba†; mārgaṇa†.

6 ...... Rasa; aṅga; ṛitu; māsārddha; rāga*; ari*; darśana*; tarka*; mata†; śāstra†.

7 ...... Aga; naga; parvata; mahīdhara; adri; muni; ṛishi*; Atri*; svara*; chhandas*; aśva*; dhātu*; kalatra*; śaila†.

8 ...... Vasu; ahi; gaja; dantin; maṅgala; nāga; bhūti*; ibha†; sarpa†(?)

9 ...... Go; nanda; randhra; chhidra; pavana; antara; graha*; aṅka*; nidhi†; dvāra†.

10 ...... Diś; āśā; kendu; rāvaṇaśara; avatāra*; karma*.

11 ...... Rudra; Īśvara; Mahādeva; akshauhiṇī; lābha*.

12 ...... Sūrya; arka; āditya; bhānu; māsa; sahasrāṁśu; vyaya*.

13 ...... Viśva; Manmatha*; Kāmadeva*.

14 ...... Manu; loka*; Indra*.

15 ...... Tithi; paksha*; ahan*.

16 ...... Ashṭi; nṛipa; bhūpa; kalā*.

17 ...... Atyashṭi.

18 ...... Dhṛiti.

19 ...... Atidhṛiti.

20 ...... Nakha; kṛiti.

21 ...... Utkṛiti; svarga*.

22 ...... Jāti*.

24 ...... Jina*.

25 ...... Tattva.

---

[1] I cannot concur in this assertion. (R.S.)

[2] "*Mémoire*" pp. 103-9.

[3] This system was first explained by v. Schlegel. Here (as is so perpetually the case in Indian literature) we find that the present system has had predecessors. In the '*Jyotisha*' (see Profr. Weber's ed., p. 6) *aya* = 4; *yuga* = 12; *bhasamūha* = 27; *rūpa* = 1. In the '*Chandas*' similar expressions occur. In the above list I give firstly those words given by Albīrūnī about which there can be no doubt; then others mentioned by Mr. C. P. Brown which I mark *. Lastly I add terms not already mentioned, which I have found in inscriptions, and which I mark †. This system is also used in the Javanese inscriptions.

Albīrūnī (1031 A.D.) says that numbers beyond twenty-five were not noted in this way. The following, however, occur but in late documents only.

27 . . . . . . Nakshatra*.
32 . . . . . . Danta*, Rada.
33 . . . . . . Deva*.
49 . . . . . . Tāna*.

This list might be made much more extensive, as it is obvious that any synonyms of any word that can be used to signify a number can be used, *e.g.*, any word signifying 'moon' besides those mentioned as equivalent to 1, may be used for the same purpose, and so with the others.[1] The ordinary numeral words are commonly mixed with the words given above.

In marking numbers by this system units are mentioned first and then the higher orders, *e.g.*, *Ṛishināgakhendusaṁvatsara* is year 1087; *guṇaśāstrakhenduganitasaṁvatsara*=1063; *dahanādrikhenduganitasaṁvatsara*=1073. It appears, however, that occasionally in recent inscriptions the words are put in the same order as the figures are written.

From 600 A.D. up to 1300 nine out of ten inscriptions that bear dates, have them expressed in this style,[2] which is, therefore, of the greatest importance.

P. 79. Expression of Numbers by Letters.

Three systems of this kind are known in India: that of Āryabhaṭa, which he used in his treatises on astronomy, and which does not appear to have ever been used by anyone else or in inscriptions; that used in S. India (but almost exclusively in Malabar, Travancore, and the S. Tamiḻ country), in which the date is given by a chronogram; and a third system in which the letters of the alphabet are used to mark the leaves of MSS.

It is unnecessary to describe the first, as it is never used in inscriptions, and the text of Āryabhaṭa's work (once almost inaccessible) has been admirably edited by Profsr. Kern (1874).

The second system gives values to the consonants of the Sanskrit alphabet as follows:—

k	kh	g	gh	ṅ
1	2	3	4	5
ch	chh	j	jh	ñ
6	7	8	9	0
ṭ	ṭh	ḍ	ḍh	ṇ
1	2	3	4	5
t	th	d	dh	n
6	7	8	9	0
p	ph	b	bh	m
1	2	3	4	5

y	r	l	v	ś	sh	s	h	ḻ
1	2	3	4	5	6	7	8	9

The order of the letters is from right to left, in double letters the last pronounced consonant *only* counts, and vowels have no value. Thus *Vishṇu*=54; *budhnāti annaṁsasarpi*=17,750,603. As might
4 5 3 0 6 0 5 7 7 1
be supposed, the use of this method brought numerous grammatical errors.

The peculiarity of this system is that it allows dates to be expressed by words with a connected meaning. This system was commonly in use in the fifteenth century,[3] but, apparently, not long before then. The oldest specimen of this notation (1187 A.D.) is in Shaḍguruśishya's commentary on the *Ṛigveda Anukramaṇika*. It is now much used for remembering rules to calculate horoscopes, and for

---

[1] As for instance *giri* for *parvata*, "mountain" = 7. (R.S.)
[2] See note 1 on last page. (R.S.)
[3] *Ind. Ant.* II., pp. 361—2, and other inscriptions.

astronomical tables. The resemblance to the Semitic chronograms is complete. This method is also used in a kind of *anukramaṇī* which exists for the *Ṛig-*, *Yajur-*, and *Sāmavedas*, but apparently in S. India only. These lists of contents (for they are no more) must be modern.

The third system is only applied to numbering the pages of MSS.; it was used a good deal in Malabar, and also occasionally in the Telugu country, but not to any extent in MSS. written in this century. It is also known in Ceylon and Burmah. By this system the consonants (with short *a*, and in their usual order) stand for 1, 2, &c., up to 34, and then they are repeated with long *ā*, *e.g.*, *kā*=35 *khā*=36, and so on. By the addition of the other vowels the series may be continued to a considerable length. Another system (used by the Buddhists and Jains in N. India) uses syllables in an apparently arbitrary manner; this is (so far as I am aware) unknown in S. India.[1] . . . .

In MSS. one often finds an abridged way of writing numbers, *e.g.*, 20 || 1 || 2, &c., for 20, 21, 22, &c., and this has been suspected with reason to exist in some inscriptions. It was done (according to Albīrūnī) in reckoning by the "*Lokakāla.*"

This formidable number of eras and complicated calendars might seem to encourage hopes of an accurate chronology, but such hopes are entirely delusive. The exact length of a king's reign is seldom given in years and days, but fractions of years are taken as years. Again, Hindu kings in S. India often nominated and consecrated their successors, and the length of the reign is sometimes reckoned from this event; an approximation, not certainty, is then, all that is to be hoped for. The most important information likely to be soon available respecting Indian eras is to be hoped for in the edition and translation of Albīrūnī's works already begun by Professor Sachau. But it must not be forgotten that Albīrūnī himself found the greatest confusion in respect not only of Indian eras, but also of the beginning of the year, and that even he could not solve all the difficulties he detected (Reinaud, "*Fragments*," pp. 139, 145). Hiouen Thsang[2] long before this had occasion to notice the confusion that prevailed. From what is now known respecting Indian chronology, there can be little doubt that originally a number of local eras and calendars were used, and that these have been gradually superseded for the most part by the more precise eras and calendars of the astronomers, and in recent times by the "*Lokakāla.*"

THE CYCLE OF BṚIHASPATI.

Dr. Burnell gives the following list, in which it is believed the spelling is strictly accurate. *South Indian Palæography*, p. 73 :—

1. Prabhava.
2. Vibhava.
3. Śukla.
4. Pramoda, Pramodūta (*sic ?* Pramodita).
5. Prajāpati, Prajotpatti (?).
6. Āṅgirasa.
7. Śrīmukha.
8. Bhāva.
9. Yuva.
10. Dhātū, Dhātṛi (?).
11. Īśvara.
12. Bahudhānya.
13. Pramādi, Pramāthin.
14. Vikrama.
15. Vishu, Vṛishabha (?), Bhṛiśya.
16. Chitrabhānu.
17. Svabhānu, Subhānu.
18. Tāraṇa.
19. Pārthiva.
20. Vyaya.
21. Sarvajit.
22. Sarvadhāri.
23. Virodhi.
24. Vikṛita, Vikṛiti (?).
25. Khara.
26. Nandana.
27. Vijaya.[3]
28. Jaya.[3]
29. Manmatha.
30. Durmukhi.
31. Hevilamba, Hemalamba,—°bi.
32. Vilambi,—°bā.
33. Vikāri.
34. Śarvari.
35. Plava.
36. Śubhakṛit.
37. Śobhana, Śobhakṛit.
38. Krodhi.
39. Viśvāvasu.
40. Parābhava.
41. Plavaṅga.
42. Kīlaka.
43. Saumya.
44. Sādhāraṇa.
45. Virodhikṛit, Virodhakṛit, Virodhyādikṛit.
46. Paridhāvi.
47. Pramādīcha, Pramādin.
48. Ānanda.
49. Rākshasa.
50. Anala (?), Nala.
51. Piṅgala.
52. Kālayukta.
53. Siddhārthi.
54. Raudra, Raudri.
55. Durmati.
56. Dundubhi.
57. Rudhirodgāri.
58. Raktākshī, Raktāksha.
59. Krodhana.
60. Kshaya.

---

[1] For particulars of these, see Dr. Burnell's *South-Indian Palæography*, p. 66.
[2] "*Pèlerins Bouddhistes*" II, p. 493.
[3] According to Mr. C. P. Brown the order is sometimes,—Jaya, Vijaya.

The Telugus follow the above in spelling, but have introduced a few slight modifications unnecessary to call attention to. In Tamiḷ the extremely limited number of characters in the alphabet compel writers to spell the names in the following manner. Note, however, that in conversation all educated men pronounce the names as in Sanskrit :—

1. Pirapava.
2. Vipava.
3. Śukkila.
4. Piramōtuta.
5. Piraśōrpati—°patti.
6. Āṅkīraśa.
7. Śirīmukam.
8. Pava.
9. Yuva.
10. Tātu.
11. Īśśura.
12. Vekutāniya.
13. Piramāti.
14. Vikkirama.
15. Viśu.
16. Śittirapānu.
17. Śupānu.
18. Tāraṇa.
19. Pārttīpa.
20. Viya.
21. Śaruvaśittu.
22. Śaruvadāri.
23. Virōti.
24. Vikiruti.
25. Kara.
26. Nandanam.
27. Viśaya.
28. Śaya.
29. Manmata.
30. Tunmuki.
31. Ēviḷampi.
32. Viḷampi.
33. Vikāri.
34. Śārvari.
35. Pilava.
36. Śupakirutu or Śuppirakirutu.
37. Śōpakirutu.
38. Kurōti.
39. Viśuvāvaśu.
40. Parāpava.
41. Pilavaṅka.
42. Kīlaka.
43. Śaumiya.
44. Śātāraṇa.
45. Virōtikirutu.
46. Paritāpi.
47. Piramātīśśa.
48. Ānanta.
49. Irāḍśata.
50. Naḷa.
51. Piṅkala.
52. Kālayutti.
53. Śittārtti.
54. Irauttiri.
55. Tunmati.
56. Tuntupi.
57. Eruttirōṛkāri.
58. Irattāḍśi.
59. Kurotana.
60. Aḍśaya.

www.ingramcontent.com/pod-product-compliance
Lightning Source LLC
Chambersburg PA
CBHW030406170426
43202CB00010B/1514
* 9 7 8 3 3 3 7 3 0 4 5 5 3 *